내 손 안의 경남 *008*

소설로 읽는 경남

내 손 안의 경남 *008*

소설로 읽는 경남

초판 1쇄 발행 2013년 7월 25일

저 자 _김은영
펴낸이 _윤관백
편 집 _안수진 ▌표 지 _안수진 ▌영 업 _이주하
펴낸곳 _ 도서출판 선인 ▌인 쇄 _대덕문화사 ▌제 본 _바다제책
등 록 _ 제5-77호(1998.11.4)
주 소 _ 서울시 마포구 마포동 324-1 곳마루 B/D 1층
전 화 _ 02)718-6252/6257 ▌팩 스 _ 02)718-6253 ▌E-mail sunin72@chol.com
정 가 13,000원

ISBN 978-89-5933-373-8 04900(세트)
ISBN 978-89-5933-640-1 04900

· 저자와의 협의에 의해 인지 생략.
· 잘못된 책은 바꿔 드립니다.

소설로 읽는 경남

| 김은영 |

선인
도서출판

기억(記憶)은 쌓이는 것인가? 먼지처럼 켜켜이 쌓여 생짜배기 그대로 언제든 끄집어낼 수 있는 것인가, 아니면 매순간 새롭게 여러 이야기로 생성되는 것인가? 만약 쌓인다면 어디에 쌓이는 것인가. 우리 마음 속, 혹은 머릿속에? 아니면 구체적인 공간 어딘가에 쌓이는 것인가?

'이야기의 바깥은 없다'는 말처럼, 사람은 이야기로 사는 존재이기에, 태어나면서부터 죽을 때까지 자신들의 삶을 이야기하고 듣고 기억하고 또 들은 것을 이야기하고 기억하고 나눈다. 이 과정에서 이야기는 윤색되고 과장되고 생략된다. 한 인간이 영웅이 되기도 하고 그 팍팍한 삶이 놀라운 로맨스로 탈바꿈하기도 한다. 이야기를 하는 관점에 따라 생겨날 수 있는 변화무쌍한 이본(異本)이 생성된다.

그렇다면 '호모 나랜스(Homo-narrans)', 즉 이야기하는 인간에게 기억은 언제나 변화무쌍하기만 한 것인가. 그래서 그 어떠한 이본(異本)도 진실(眞實)에서는 멀어질 수밖에 없는 것인가.

만약 이야기가, 기억이, 우리 머릿속에만 존재하는 것이라면 그럴 수도 있겠다. 인간 의식의 기억은 언제나 불확실성을 전제로 하기에, 이 사람 저 사람 입에서 귀로 옮겨가다 보면 당연히 진실에서 어마어마하게 멀어진 모습으로 갈래갈래 파생되어 나가기 마련이다.

그러나 다행히 인간의 기억은 때로 그 이야기의 공간에 의미심장한 지명(地名)으로 남겨지기도 하고, 그 땅위의 바윗돌에 세월을 이기는 굳건함으로 새겨지기도 하고, 천년이 지나도 변치 않을 먹물의 글씨로, 판각본으로, 활자본으로 남겨지기도 한다. 그래서 절대 변치 않을 진실의 이름으로 사람들의 심금에 고금일치의 울림을 남기기도 한다. 시간을 이기는 공간의 힘, 말의 힘, 문장의 힘이다.

'소설로 읽는 경남'에서 찾아다닌 장소는 모두 '이야기하는 인간'들이 거쳐 간 공간들이었다. 하동의 평사리, 통영 명정골, 다솔사와 해인사, 광명학원 터, 마산, 거제, 지심도, 남해 노도 등등. 이 장소들을 지나쳐간 작가들은 역사적 사실을 이야기로 쓰기도 하고 전혀 새로운 이야기를 만들어내 정리하기도 하였다. 이야기를 쓰고 정리한 작가들의 행로가 작품을 능가하는 이야깃거리로 그들이 스쳐간 공간 속에 남게 되었음은 물론이다.

하여 이 책에서는 그러한 공간의 이야기를 정리하고 그 공간의 기억을 변치 않는 울림으로 남기고 싶었다. 그들이 이 장소를 스쳐 지나갔다는 사실, 그리고 그들이 이곳에서 한때를 살았고 또 세월을 견뎠고 이야기를 만들어내었다는 사실을 기록으로 정리하여 남기고 싶었다.

박경리의 고향 통영 명정골, 김동리가 젊은 시절을 보내며 「황토기」와 「등신불」, 「산화」 집필에 매달렸던 사천 다솔사와 합천 해인사, 나도향과 임화와 지하련이 폐병을 치료하며 작품 집필에 전념했던 마산의 바닷가 동네, 김정한이 일제의 압박을 피해 살며 초기 역작을 쏟아내었던 남해의 이곳저곳, 김탁환이 서포의 생애를 쫓아다녔던 노도의 숨은 장소들, 윤후명이 진짜 사랑을 이루었던 거제 지심도, 김수영의 포로시절 끔찍했던 순간이 각인된 포로수용소의 현장 등, 이 모든 장소들이 그들의 이야기로 인하여 섬섬하게 빛난다. 또 작중 인물의 등장 배경이 되는 장소들 역시 그들 삶의 남다른 아픔과 사연으로 하여 찾는 이의 마음에 세월을 넘나드는 감상을 불러일으킨다.

'소설로 읽는 경남'이 찾아다닌 곳은 이처럼 국내 유명 작가들의 소설 작품에 등장하는 배경과 집필 장소들이다. 가능하면 집필 장소가 작품 속 배경과 일치하는 곳을 찾으려 노력하였고, 작가의 개인적 삶이 치열하게 전개되었던 장소도 빠뜨리지 않으려고 애썼다.

그런데 구체적인 장소를 파악할 수 있는 작품을 주요 대상으로 다루다 보니 지리적으로 경남 남해안 지방에 치우치고 말았다. 필자의 역량 부족이긴 하지만, 전통적으로 경남지방의 문화예술이 옛날의 뱃길을 따라 남해안 중심으로 치우쳐 발달한 연유도 크다. 남해 바다를 끼고 발달한 경남 지역의 문화예술이 경남 서남부지역에 집중되어 있는 것은 당연한 일이다. 하여 대상 지역이 거제, 남해, 통영, 하동, 사천, 합천, 마산 등 지역에 국한된 것이 못내 아쉽다.

책을 마무리하면서 소설의 배경으로 등장하는 지역과 공간을 스토리텔링하는 의미에 대해 생각해 보았다. 사람의 삶과 이야기가 개입될 때 어떤 공간도 무의미한 곳은 없을 것이다. 한 사람의 삶과 이야기가 한 공간에 스며들 때 그 공간은 바로 그 사람의 삶의 무게감으로 다가오기 때문이다. 사연 없는 공간이 어디 있겠는가.

매사가 속도감으로 결정되는 시대이다. 속도는 우리에게 시간과 공간을 정복할 힘을 부여한다. 그러나 때로는 천천히 느린 걸음으로 걷는 시간도 필요하다. 소설 안팎에 등장하는 공간의 진정한 의미를 느끼기 위해서는 반드시 차에서 내려 등장인물 혹은 소설가의 걸음으로 그 공간을 천천히 걸어보아야 할 필요가 있다. 이 책이 그런 느린 걸음에 길라잡이가 될 수 있었으면 좋겠다.

이 책을 쓸 수 있도록 기회를 주시고 관심 기울여 주신 경남학센터에 감사드린다. 아울러 답사할 때 적극적으로 도와주신 여러분께 진심으로 감사드린다. 특히 다솔사와 광명학원 인근 여러 지역을 안내해주시고 소설가 김동리에 관한 정보를 아낌없이 제공해 주신 배시남 문화해설사님, 최정열 님, 묘인스님께 감사드린다. 해인사의 어제와 오늘에 대해 상세히 안내해 주신 손홍배 문화해설사님, 통영문학에 관해 좋은 자료를 보내주신 홍도순 선생님께 감사드린다. 경남도립남해대학에서 근무한지 3년째, 이곳에서 알게 된 지인들께서는 남해에 대한 여러 정보를 기꺼운 마음으로 나눠주셨다. 이분들의 도움 덕분에 답사 지역을 더 쉽게 깊이 돌아볼 수 있었다. 도와주신 분들의 성의 때문에라도 이 책이 경남과 경남을 배경으로 하는 소설 이해에 도움이 되었으면 하는 바람 간절하다.

2013. 6.
김은영

소설로 읽는 경남

1

박경리 소설의 길을 따라
– 하동 평사리에서 통영 명정골까지

하동의 박경리 '토지' 길
통영, '김약국의 딸들'의 무대

하동의 박경리 '토지' 길

'소설의 공간을 찾아 떠나는 여행'하면 으레 떠오르는 곳이 있다. 바로 하동(河東)이다. 정확히 말하면 하동군 악양면 평사리 일대를 포함하는 박경리 '토지' 길이다.

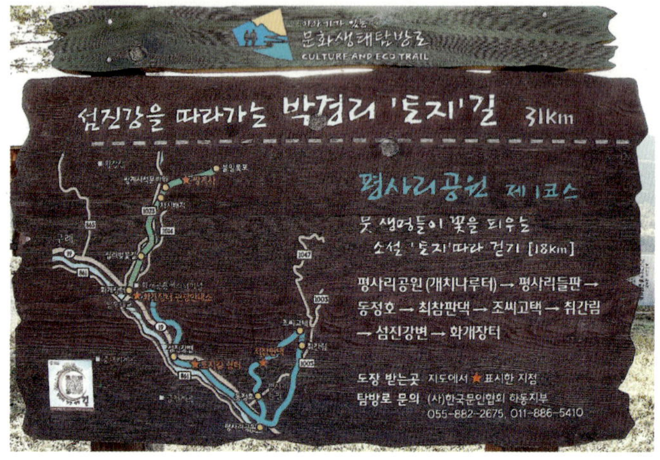

▌ '박경리 토지 길' 안내판. 소설 『토지』의 길을 따라 섬진강 개치나루터에서 시작하여 마지막 지점인 화개장터까지 소설의 배경이 된 장소를 밟아보는 코스가 자세히 안내되어 있다

총 31킬로미터에 달하는 이 길을 걷노라면 대하소설 『토지』의 각 장면과 인물군상의 모습이 생생하게 떠오른다. 개치나루터 자리인 평사리 공원에서 출발하여 평사리 들판과 동정호를 돌아보고 최참판댁에 들렀다가 최참판댁의 실제 모델이라는 조씨 고택을 거쳐 다시 섬진강변으로 돌아나와 화개장터로 해서 쌍계사까지 돌아보는 코스다. 여기에 고소산성을 추가하면 토지 1부의 대부분 장소가 다 이어지게 되어 있다.

누구나 알듯이 토지의 공간은 경남 하동에서 시작하여 중국 간도, 진주, 서울, 일본, 통영 등 방대한 지역을 아우르고 있다. 하여『토지』의 공간을 전부 답사하는 것은 사실상 어려운 일이다. 다만『토지』의 역사가 시작되는 지점인 하동을 답사하는 것은 소설 전편의 방대한 줄거리를 이해하는 데 기본적인 지식을 제공해 준다는 의미가 있다.

소설『토지』에서 가장 중요한 배경은 평사리 들판과 최참판댁이다. 그러나 걸으면서 읽는『토지』순례에서는 평사리 들녘으로 들어서기 전에 하동 땅을 가로지르는 섬진강의 도도한 강줄기를 읽는 것이 첫 번째 순서가 되어야 하리라고 본다. 이를테면 고속도로를 따라 하동읍으로 들어와서 평사리로 향하는 길, 왼편에 아름다운 물길이 보인다면 반드시 내려서 섬진강을 한번 바라보고 가야 한다는 것이다.

섬진강(蟾津江)은 전북 팔공산(八公山)에서 발원하여 전라남북도의 동쪽 지리산 기슭을 지나 남해의 광양만(光陽灣)으로 흘러드는 강이다. 하동(河東)이란 지명은 바로 이 강의 동쪽 마을이란 뜻이다. 그러니 섬진강은 하동 땅을 이루는 경계 그 자체이다.

섬진강은 차분하고 잔잔한 물길만으로도 아름다운 풍경이 된다. 또 섬진강 가에 매화, 벚꽃, 배꽃이 피고 질 때는 그 아름다움이 천상의 어느 지점을 보여주는 듯하다. 해마다 봄이면 쌍계사 십리길에 벚꽃 터널이 펼쳐지고 작설잎이 새로 돋는 녹차밭 주변에 산수유, 진달래가 흐드러진다. 더하여 하동포구 팔십 리가 시작되는 화개(花開) 탑리에는 지금도 화개장이 열려 각지에서 드나드는 사람들의 이야기를 쉼 없이 담아낸다.

풍경으로만 섬진강을 극찬할 일이 아니다. 섬진강은 이 지역 사람들이 외지로 드나드는 주요 이동경로였다. 옛날 사람들의 이동수단이 도보 아니면 뱃길이었다는 사실은 누구나 아는 터, 자동차가 흔치 않던 시절 배를 타고 강줄기를 따라 이동하는 것은 사실상 가장 경제적이고 빠른 방법이었다. 지금은 대부분 사람들이 지역과 지역 간의 이동경로를 찻길 중심으로 파악하지만, 옛사람들의 이동경로는 가능한 한 뱃길을 포함하고 있었다. 가령 하동 사람들이 진주로 가는 가장 빠른 길 중 하나는 섬진강에서 배를 타고 사천으로 가서 진주로 들어가는 길이었다. 그러므로 섬진강은 지리산과 하동에 흩어져 사는 사람들과 물건들과 이야기들을 한데 모아 남해로 흘려 보내는 가장 빠른 길이었다고 할 수 있다. 하동 사람들은 섬진강에서 배를 타고 남해, 사천, 진주, 통영, 마산, 거제, 부산 등으로 이동하였다. 그러니 강을 중심으로 많은 사건이 전개될 수밖에 없었다.

『토지』 전반부에서 짧게나마 섬진강 주변의 풍광을 이야기하는 대목을 발견할 수 있다.

섬진강을 건너온 바람은 잡목숲을 흔들어놓고 지나간다. 평사리에서 강을 따라 삼십 리가 넘는 읍내 길을 달구지가 가고 나무꾼이 간다. 나무꾼과 농부는 뒤에서 들리는 말발굽 소리에 인사를 했다. 쏘는 듯한 치수의 그 눈을 어물어물 피하면서.

강 위에는 화개장을 향해 장배가 물살을 거슬러올라가고 있었다. 우중충하게 짙푸른 강물에 하늘이 나직이 내려오고 투박한 잿빛 구름은 약한 빛을 던져주는 해를 가리려 하고 있었다.
— 박경리, 『토지』 제1부 1권 본문 중에서

서희의 아버지 최치수가 스승인 장암(丈庵) 선생의 병문안을 위해 나서는 장면이다. 섬진강을 따라 달구지가 다니고 사람들이 오가는 모습, 화개장으로 가는 장배가 움직이는 모습을 묘사하고 있다.

평사리에서 강을 따라 걸어가면 하동 읍내까지 삼십리 길이다. 당연히 평사리나 화갯골 사람이 읍내로 갈 때는 장배를 이용하였다. 지금 하동군에서는 개치나루터에 평사리 공원을 조성하고 섬진강을 조망할 수 있는 자리에 나룻배를 전시해 놓고 있다. 그나마 옛날 이곳에 배가 드나들던 나루터가 있었음을 짐작해 볼 수 있다.

▌평사리 공원. 개치나루터에서 바라본 섬진강. 옛날 평사리 사람들은 이보다 훨씬 큰 장배를 타고 하동 읍내로 나갔을 것이다.

섬진강을 지나 평사리로 들어오면 넓은 들판이 눈길을 사로잡는다. 『토지』의 주무대인 평사리 무디미 들판이다. 신기하게도 마치 작정이라도 한 듯, 서희와 길상을 닮은 부부송까지 심겨져 있다.

그런데 박경리가 평사리를 작품의 무대로 결정한 것은 정말 우연한 일이었다고 한다.

"『토지』에는 우연이 많았어요." 평사리가 작품의 무대로 결정된 것부터가 우연이었다. 그가 구상하던 토지는 넓은 들판과 대지주, 커다란 산과 강을 요구했다. 하동에 있는 친척집에 들렀다가 나오는 차 안에서 그는 무릎을 탁 쳤다. "여기다!" 경남 하동군 악양면 평사리. 지리산과 하동, 섬진강과 들판, 그리고 집필에 들어갔는데, 나중에 알고보니, 실제로 평사리에는 조참판댁이 있었고, 연당과 곳간도 그 집에 '소설처럼' 있었으며 그댁 안주인도 점잖았다는 것이었다. 그는 아직도 평사리에는 들어가 보지 못했다.

– 이문재, 「우리 문학의 거대한 마침표」, 『시사저널』,

1994.8.25.

인용한 글에서 확인할 수 있듯이 박경리는 『토지』를 쓰기 전에 평사리에 직접 들어가 본 적이 한 번도 없었다. 지나는 차 안에서 한번 스치며 지나간 인연밖에는 없었다. 그런데 한눈에 이곳이 바로 자기 소설의 무대임을 알아보았다. 만석지기가 나올 수 있는 넉넉한 농토가 있고, 민족적·역사적 상처를 품고 있는 지리산과 섬진강을 끼고 있는 곳이었다.

이후 그의 작업은 순전히 상상에 의해 이루어졌다. 그런데 놀랍게도 실제로 평사리에는 작가가 상상하였던 거의 모든 것이 '우연히' 갖추어져 있었다.

물론 대다수 사람들은 알고 있다. 여기 지어진 토지의 무대는 모두 하나의 세트장임을. 전부가 박경리라는 소설가의 머릿속에서 구상된 허구의 이야기임을. 그러나 모든 것이 가짜이고 지어낸 것이고 허구라 하여도 전체 세트장의 배경인 평사리 들녘만은 허구가 아닌 것도 또한 알고 있다. 아무리 대단한 사업가라도 일거일시에 악양의 넓은 들판을 세트장으로 만들 수는 없을 테니 말이다. 그러므로 최참판댁을 보통의 드라마 세트장 이상의 장소로 느껴지도록 만드는 공간은 바로 만석지기 넓은 들판임을 알 수 있다.

"이 넓은 들판은 다 누구 거더라."
평산이 히죽히죽 웃으며 물었다.
"최 참판네 땅 아니요."
칠성이도 히죽히죽 웃으며 대꾸했다.
"이 중에서 절반만 가졌음 쓰겠나?"
"야?"
"왜 안 갖고 싶은가?"
"마음대로 된다믄야 갖고 싶지 않을 사램이 어디 있겠소."
"흠 … 사람의 욕심이란 한량이 없지."
평산은 꺽쉰 목청으로 헛웃음을 웃는다. 칠성이는 손가락이 잘

려진 쪽의 손바닥으로 얼굴을 문지르는데 침 넘어가는 소리가 들렸다.

—박경리, 『토지』, 1부 1권 본문 중에서

김평산이나 조준구나 모두 이 들판 때문에 최치수를 죽였고 서희를 쫓아냈다. 그리고 서희가 이를 악물고 재기하여 돌아온 것도 모두 이 평사리 들판이 있었기 때문이었다.

평사리 들판을 돌아보고 최참판집으로 가기에 앞서 고소성(姑蘇城)으로 가는 것이 순서이다. 사적 제151호이자 군립공원인 고소성은 한산사(寒山寺)를 거쳐 간다. 평사리 들판에서 한산사 방향으로 올라가면 고소성으로 올라가는 산길로 바로 연결된다.

한산사에서 산길을 따라 20분쯤 올라가면 고소성에 이른다. 제법 가파른 산길이다. 숨이 차고 힘들다 싶을 즈음이면

▌섬진강을 오른쪽에 끼고 평사리 들판이 넓게 펼쳐져 있다. 들판 중앙에 부부송이 서희와 길상의 사연을 이야기하듯 사이좋게 자라고 있다.

거대한 성벽이 눈앞을 가로막는다. 성벽 앞 표지판에는 길이 800m, 높이 3.5~4.5m로 가야 때 축성한 것으로 적혀 있다. 길고 모난 돌을 작은 돌들과 함께 쌓아 올린 산성인데, 높이 300m 정도의 능선을 따라 오각형에 가까운 평면으로 쌓았다고 한다.

군사적 용도로 세운 성이어서 그런지 섬진강 물길, 평사리 너른 들판이 한눈에 내려다보인다. 지리산과 백운산 사이를 굽이치는 섬진강 강줄기를 가장 시원하게 볼 수 있는 곳이다. 전망이 역사적 설명을 압도한다.

이 산성이 바로 별당 아씨와 구천이가 야반도주한 길목이다. 『토지』 전반부 갈등의 가장 큰 원인이 된 사건이 벌어진 현장인 것이다.

고소성(姑蘇城). 구천이 별당아씨를 업고 도망한 길이다.

초롱을 들고 여자의 한 팔을 껴안은 채 고소성 골짜기를 지나
가던 그 한밤. 여자의 가슴에서 치는 고동소리가 가랑잎 구르는
소리 사이로 뚜렷이 들려오는 것만 같았다. 여자는 걷다가는
최참판댁 쪽을 돌아보며 울었다. 서희야! 서희야! 울부짖는 여자
의 마음속의 소리도 들려오는 것 같았다.

-박경리,『토지』, 2부 3권 본문 중에서

아버지가 다른 형이긴 하나 최치수, 자기 형의 부인과 사
랑에 빠져 야반도주하는 구천(김환)의 심정이 과연 어떠했을
지, 얼마나 절박한 사랑이었을지 상상해 본다. 또 어린 딸을
버리고 정인(情人)과 함께 도망가는 별당아씨의 울부짖음이
들리는 것 같다.

이쯤에서 참고삼아『토지』의 전체 줄거리를 정리해본다.

제1부. 1897년 한가위부터 1908년까지 약 10년간 경남 하
동의 평사리를 무대로 최참판댁과 그 소작인들에 대한 이야기
가 펼쳐진다. 늦가을, 구천이와 별당아씨가 도망하면서 동학 장
군 김개주와 최참판댁 마님 윤씨부인 사이에 얽힌 비밀이 드러난
다. 신분 상승과 치재를 위해 귀녀와 김평산 등이 최치수를 살해
하고, 1902년 전염병이 창궐하면서 윤씨 부인마저 세상을 떠난
다. 조준구의 계략으로 최참판댁의 재산이 조준구의 손에 넘어가
게 되고 1908년 서희는 조준구와 맞섰던 마을 사람들을 이끌고
함께 간도로 이주한다.

제2부. 서희 일행이 간도로 이주한 후 2~3년이 경과한 1910

년부터 약 7~8년간의 이야기가 중심이 되어 전개된다. 경술국치 이후 간도의 생활상과 독립운동 현황, 가치관의 변화 등 당시 간도에 이주한 조선인들의 삶이 자세히 묘사된다. 서희는 공노인의 도움으로 용정에서 대상(大商)이 되고 길상과 혼인을 올리게 된다. 김 훈장의 죽음, 임이네의 물욕, 용이와 월선의 애달픈 사랑과 월선의 죽음, 일본 밀정이 된 김두수와 길상을 비롯한 독립운동가들의 대립이 펼쳐진다.

제3부. 길상은 간도에 남아 독립운동에 투신하고 서희는 아이들을 데리고 조선으로 귀국한다. 소설의 주된 공간은 1920년대 서울, 진주, 만주 등지이다. 서희는 조준구에 대한 복수를 완수하고 평사리 땅을 모두 되찾는다. 구천이 김환을 중심으로 한 지리산의 의병 활동, 송관수를 중심으로 한 진주 형평사 운동, 간도와 만주를 중심으로 한 망명객들의 생활, 이상현과 기화(봉순)의 관계, 임명희와 조용하의 결혼생활이 그려지며, 임이네와 용이, 기화와 김환 등이 죽음을 맞는다.

제4부. 새로운 세대의 이야기가 중심이 된다. 서희의 아들 환국과 윤국의 성장, 길상의 출옥과 군자금 강탈 사건, 만주로 도피하는 송관수의 갈등, 명희의 이혼과 새로운 삶, 유인실과 일본인 오가다의 이루어질 수 없는 사랑, 그리고 인실의 도피와 변신이 그려진다.

제5부. 1940년경부터 1945년 해방까지의 이야기를 다룬다. 서희는 박 의사의 죽음 및 양현과 영광의 사랑을 지켜보며 진정한 사랑의 의미를 깨닫게 된다. 인실과 오가다의 재회, 길상의 관음탱화 조성, 소목장이 된 조병수, 아버지 조준구의 죽음 등 주요 인물들 사이에 얽혔던 한이 한겹씩 풀어진다. 또한 해도사와 소지감

등을 중심으로 한 지리산 모임, 이홍의 딸 상의의 일본인 학교생활 등을 중심으로 이야기가 전개된다. 1945년 8월 15일, 양현은 강가에 나갔다가 일본의 항복 소식을 듣고 이를 서희에게 전한다. 그 순간 서희는 자신을 휘감은 쇠사슬이 요란한 소리를 내며 땅에 떨어지는 것을 느낀다. 1897년부터 1945년까지, 해방과 함께 대하소설『土地』의 이야기가 드디어 막을 내린다.

소설의 무대는 경남 일대와 만주, 일본까지 펼쳐지지만 모든 사건의 발단은 평사리에서 비롯된다. 그 중심무대가 바로 최참판댁이다.

고소성에서 내려와 최참판집으로 향하는 길,『토지』에 등장하는 사람들의 동네가 나온다. 용이네, 칠성이네, 이평이네 등 소설에 등장하는 주인공들의 집이 옹기종기 초가로 재

평사리 마을. 용이네, 칠성이네, 이평이네 등 소설에 등장하는 주인공들의 집이 옹기종기 초가로 재현돼 있다.

현돼 있다. 집 앞에 등장인물들의 이름을 적은 팻말이 꽂혀
있어 동네를 둘러보는 재미가 쏠쏠하다. 소설에서 작가가
상상했던 마을이 그림처럼 눈앞에 펼쳐져 있다. 소설 전반
부에 등장하는 1897년 한가위의 타작마당 잔치 장면이 눈
에 선하게 떠오른다.

한동안 타작마당에서는 굿놀이가 멎은 것 같더니 별안간 경풍
들린 것처럼 꽹과리가 악을 쓴다. 빠르게 드높게, 꽹과리를 따라
징소리도 빨라진다. 깨갱 깨애갱! 더어응응음 ─ 깨깽 깨애갱!
더어응응음 ─ 장구와 북이 사이사이에 끼여서 들려온다. 신나는
타악소리는 푸른 하늘을 빙글빙글 돌게 하고 단풍든 나무를 우쭐
우쭐 춤추게 한다. 웃지 않아도 초생달 같은 눈의 서금돌이 앞장
서서 놀고 있을 것이다. 오십 고개를 바라보는 주름살을 잊고 이
팔청춘으로 돌아간 듯이, 몸은 늙었지만 가락에 겨워 굽이굽이

최치수가 거처하였던 사랑채

평사리 최참판댁. 소설『토지』의 내용을 참고하여 재현한 건물이다.

최참판댁 행랑채

넘어가는 그 구성진 목청만은 늙지 않았으니까.
– 박경리,『토지』, 1부 1권 본문 중에서

마을을 지나 소설의 주무대인 최참판댁으로 향한다. 최참판댁 역시 전부 소설 속 내용을 참고하여 재현해낸 건물이다. 하동군은 작가가 그려놓은 소설의 설계도대로 사랑채와 안채, 별당을 지어놓았고, 연당도 곳간도 모두 소설 그대로 재현해놓았다.

얼마나 실감나게 재현해 놓았는지, 많은 사람들이 최참판집을 둘러보면서 순진하게 고개를 갸웃대며 서로 묻는다. 박경리 소설『토지』가 실제 사건을 소재로 한 게 맞는지.

그러면 정말 순진한 사람은 이렇게 집까지 남아 있는 걸 보면『토지』에 등장하는 최참판댁이 진짜로 있었던 모양이라고 생각하게 된다. 그 집안이 정말 이 마을에서 오랜 동안 대지주로 군림해왔고, 갑자기 이해할 수 없는 비극이 닥쳐왔고, 그리하여 우리 여주인공 서희는 그 모든 어려움을 극복해내고 원수를 갚고 재산을 회복했던 모양이라고 말이다.

최치수가 거처하였던 사랑채와 서희가 살았던 별당, 윤씨 부인의 안방, 행랑채와 넓은 마당 등 소설의 중요한 사건이 벌어진 집안 곳곳이 친밀하게 와 닿는다.

이 넓은 마당과 행랑채에 동학당이 몰려왔다 썰물처럼 빠져나갔다. 동학당을 이끌고 최참판집을 찾은 날 김개주는 아들 환에게 윤씨 부인이 생모임을 가르쳐 주었다. 그리하여 환이 즉 구천이는 아버지가 전주감영에서 효수된 후 백부인 우관선사를 찾아가지 않고 어머지 윤씨를 찾아오게 된다. 무쇠 같은 여인 윤씨도 김개주가 효수되었다는 말을 듣고는 눈물을 흘렸다.

다음날 새벽 행랑을 점거하고 있던 동학당의 무리는 썰물같이 최 참판댁을 떠났다. 이곳을 떠난 그들은 최 참판댁을 거쳐가듯이 그렇게 조용했던 것은 아니었다. 오히려 격렬하게 파괴하였으며 관아를 습격하여 상하 관원, 토호, 관에 빌붙은 향반들을 살해하고 군물(軍物)을 탈취하는 등 읍내까지 휩쓸고 내려가는 동안 상당한 인명을 살상하였다. 섬진강 강가 송림의 흰 모래가 선혈로써 붉게 물들었었다고들 했다. 이와 같은 전후사태로 하여 최 참판댁이 동학당과 내통했느니 군자금을 대어주었느니 한때

풍문이 돌기는 했으나 그것은 풍문으로 그치고 말았다.
– 박경리,『토지』, 1부 2권 본문 중에서

　윤씨 부인이 콜레라로 죽고, 조준구가 이 집을 가로챈 후 서희는 윤씨가 별당 장롱다리에 숨겨뒀던 금덩이를 갖고 간도로 떠난다.
　몇 년의 세월이 흐르고 최씨 집안의 재산을 회복하기 위해 서희가 귀국한다. 귀국 후 서희는 평사리로 바로 돌아오지 않고 진주에 집을 구한다. 그러나 토지의 마지막 장면은 평사리에서 끝이 난다.

　양현은 별당으로 뛰어들었다. 서희는 투명하고 하얀 모시 치마 저고리를 입고 푸른 해당화 옆에 서서 하늘을 올려다보고 있었다.
　"어머니!"
　양현은 입술을 떨었다. 몸도 떨었다. 말이 쉬어 나오지 않는 것이다.
　"어머니! 이, 이 일본이 항복을 했다 합니다!"
　"뭐라 했느냐?"
　"일본이, 일본이 말예요. 항복을, 천황이 방송을 했다 합니다."
　서희는 해당화 가지를 꺾었다. 그리고 땅바닥에 주저앉았다.
　"정말이냐…."
　속삭이듯 물었다.
　그 순간 서희는 자신을 휘감은 쇠사슬이 요란한 소리를 내며 땅에 떨어지는 것을 느낀다.
– 박경리,『토지』, 제5부 5권 본문 중에서

소설의 마지막 장면이다. 해방의 순간은 바로 서희와 최참판 집, 평사리 마을 사람들의 삶을 그토록 격동적으로 뒤흔들어놓았던 원인의 실체가 밝혀지는 순간이었다. 그것은 바로 나라 잃은 백성의 설움이요 숙명이었다. 부자건 가난한 사람이건, 양반이건 상놈이건 천민이건 가리지 않고 모든 조선 사람을 불행으로 내몰았던 원인의 결국은 국권상실에 있었던 것이다.

그리하여 1945년 8월 15일 일제가 물러나고 나라가 해방되는 순간 『토지』의 모든 갈등은 해소되고, 그동안 시희의 몸과 마음을 휘감고 있었던 무형의 쇠사슬도 요란한 소리를 내며 땅에 떨어져 내리게 된다. 전 5부 21권의 대장정이 막을 내리는 순간 서희가 있어야 할 장소는 그러므로, 반드시 평사리의 집이어야 했다.

우연의 일치인지 의도한 결과인지, 박경리의 대하소설 『토지』 원고가 완결된 날도 8월 15일이었다. 1994년 8월 15일 새벽 2시, 박경리는 소설 원고의 마지막 부분에 '끝'자를 쓰고 『토지』를 완결하였다. 25년이 걸린 작업이었다. 1897년부터 1945년까지 근 50년에 걸친 이야기를, 하동 평사리에서 시작하여 진주와 통영과 서울과 간도, 일본을 넘나들었다가 다시 평사리로 돌아와 거대한 마침표를 찍은 것이다.

『토지』를 쓰는 25년 동안 작가 박경리는 남편을 잃었고, 사위(김지하)를 감옥에 보냈고, 암 선고를 받았고, 가슴에 붕대를 동여매고 원고를 썼고, 외손자를 업어 키웠다. 그리고 『토지』를 완성하였다. '내가 행복했다면 문학을 하지 않았을 것'이라는 작가의 말이 평사리 들녘만큼이나 오래된 견고한 진실로 다가온다.

최참판댁을 둘러보고 나와 정서리 방향으로 발길을 돌려 최참판댁의 실제 모델이라는 조씨 고가로 향한다. 경상남도 하동군 악양면 정서리 808-1. 최참판집에서 나와 마을 안길로 30분쯤 걸으면 조씨고가가 나타난다. 조선 개국공신 조준(1346~1405)의 직계자손 조재희가 낙향하여 지은 집이다. 16년 동안이나 걸려 지은 집이라 하여 일명 '조부잣집'으로도 불린다. 실제 모델이라는 말이 무색하지 않게 소설에 나오는 최참판댁과 유사한 연당이 있어 눈길을 끈다. 마당에 서면 평사리 들판이 한눈에 들어온다. 악양면에서 대를 이어온 만석꾼 집이 들어설 만한 장소임이 분명하다.

조씨고가. 낙향한 양반의 집으로 15년이나 걸려 지은 집이라고 한다. 최참판댁의 실제 모델이다.

　　평사리 들판을 다 둘러보고 다시 섬진강 길을 따라 화개로 올라가면 화개장터가 나온다. 화개장터와 쌍계사를 둘러보고 돌아 나오는 길에 시간을 더 내어 하동 송림(松林)에서 잠시 김개주와 동학당이 쇄도했던 흔적을 찾아보는 것도 좋겠다. 비록 소설 속 사건이기 하나 관아를 습격하고 관원과 토호와 관에 빌붙은 향반들을 살해하고 군물(軍物)을 탈취하는 등 읍내까지 휩쓸고 내려가는 동안 상당한 인명을 살상하였다는, 그리하여 송림 아래 강가의 흰 모래가 선혈로써 붉게 물들었었다는 피비린내 가득한 현장을 상상해 부는 것만으로 이 장소의 의미가 각별하게 다가올 것이다.

통영, ‘김약국의 딸들’의 무대

통영에서 태어난 소설가 박경리(朴景利, 1926~2008)는 대하소설 『토지』의 작가이면서 누구보다 통영을 무대로 한 소설을 많이 쓴 작가이기도 하다. 특히 그의 소설 『김약국의 딸들』에서 통영은 소설의 공간적인 배경으로 매우 중요한 의미를 지닌다.

이 작품은 한말에서 일제강점기까지 통영의 한 유력가 집안이 개인적 욕망과 운명의 얽힘에 의해 몰락해가는 과정을 그리고 있다. 특히 집안의 몰락이라는 비극을 사실적으로 조명함으로써, 욕망의 엇갈림과 급속한 자본의 이동 같은 사회적 변동과 격변기 여성의 운명 등을 한데 모아 주제화하고 있다. 작품의 주 배경이 박경리가 태어난 명정골과 간창골 일대이다.

『토지』에서도 통영(統營)은 주된 공간으로 등장한다. 그런데 『토지』에서의 통영은 현실 속에서 상처받은 사람들이 들어와 치유 받는 공간으로 등장한다. 『토지』의 인물들 중 조병수를 비롯하여 임명희나 유인실 같은 상처받은 사람들은 통영에 와서 심신의 치유를 얻는다.

예컨대 조준구의 곱사 아들 병수는 서희의 집안을 망하게 하였다는 죄책감을 안고 통영으로 들어온다. 아비의 죄 때문에 몇 번이나 자진(自盡)하려 하였던 그다. 효자 집안에 효자가 나고 불효자 집안에 불효자가 난다는 말도 병수 앞에서는 허튼말이다. 조준구 같은 악한(惡漢)에게서 어떻게 병수 같은 의인(義人)이 날 수 있는지, 세상은 참 오리무중이다.

어쨌든 아비가 지은 죄를 업보로 안고 통영으로 들어온 그는 명정리(明井里)에서 엎어지면 코 닿을 곳에서 살며 소목장(小木匠)이 되었다. 허울뿐인 양반의 옷을 벗고 자신의 손으로 직접 소가구를 만드는 일을 하면서 비로소 병수는 인간다운 삶에 눈뜨게 된다.

아닌 게 아니라 병수의 얼굴은 무척이나 평화스러워 보였다. 그것은 조준구가 세상을 떠난 후, 날마다 묵은 때가 조금씩 벗겨지듯, 큰 병을 앓은 뒤의 회복기처럼, 무거운 짐을 내려놓은 뒤의 휴식처럼, 고난을 통하여 얻어낸 감사의 마음이 그를 편안하게 평화스럽게 한 것 같다. (중략) 그것이 육친이든 타인이든 한 악종이 스치고 간 자리가 그 얼마나 황량하며 살벌하였는가, 또 황량하고 살벌하지 않았던들 초하의, 우거진 신록이 시냇물이 바람이 이렇게 상쾌할 수는 없었을 것이다.
– 박경리, 『토지』, 제5부 5권 본문 중에서

| 충렬사. 충무공 이순신의 영정을 모신 사당이다.

통영 문학답사의 1번지는 바로 이곳 명정리(현 명정동)를 중심으로 이루어진다. '명정(明井)'은 통영시 명정동에 위치한 통영 충렬사(忠烈祠, 사적 제 236호) 길 건너편의 우물을 일컫는 말이다. 명정은 두 개의 샘으로 이루어져 있는데 위쪽 샘은 일정(日井), 아래쪽 샘은 월정(月井)이라 부른다.

명정이 통영 사람들에게 소중한 이유는 이 우물의 물이 충무공 이순신의 향사와 민가의 식수로 쓰였기 때문이다. 둘 중 일정의 물은 충무공의 향사에 이용하고, 월정의 물은 일반 민가에서 사용했다고 하는데, 처음에 우물을 하나만 팠을 때는 물이 탁하고 수량이 적었으나 하나를 더 팠더니 비로소 물이 맑고 수량도 많아졌다고 한다.

통영 사람들이 명정샘을 중히 여기는 것만큼 박경리도 이곳을 소설 속 중요한 장소로 많이 활용하였다. 『토지』에서 명정샘은 풍신제에 쓸 정화수를 긷는 공간인 한편, 통영이라는 장소의 상징성을 대표하는 장소로 묘사된다.

물대 바가지에 갈아 부을 정화수를 길으려고 밤새도록 명정골은 각시와 처녀들이 길을 메우고, 달이 밝은 열나흘, 하청님이 내려오는 그 밤은 통영 바닥의 각시 처녀들이 다 명정골로 모여든다 해도 과언은 아니다. 어떤 가뭄에도 물이 마르지 않는 명정골의 우물, 통영사람들의 식수를 대면서도 마르지 않는 우물은 옛날 충무공이 왜적을 무찌르기 위해 이곳 갯마을에 진을 쳤을 때 팠다는 전설이 있거니와 가히 동네 이름이 명정(明井)인 것이다.

– 박경리, 『토지』. 3부 2권 본문 중에서

어떤 가뭄에도 물이 마르지 않는 명정의 상징성은 통영이라는 공간의 마르지 않는 생명성을 상징하고 있다.

『김약국의 딸들』에도 명정에 대한 묘사는 비슷하다.『토지』에서처럼 그것은 충렬사 혹은 풍신제와의 관련 하에 '성지(聖地)'로 묘사되고 있다.

이 일대는 이곳의 성지라 할 만한 지역이다. 충렬사에 이르는 길 양켠에는 아름드리 동백나무가 줄을 지어 서 있고, 아지랑이가 감도는 봄날 핏빛 같은 꽃을 피운다. 그 길 연변에 명정골 우물이 부부처럼 두 개가 나란히 있었다. 음력 이월 풍신제를 올릴 무렵이면 고을 안의 젊은 각시, 처녀들이 정화수를 길어내느라고 밤이 지새도록 지분 내음을 풍기며 득실거린다.

—박경리,『김약국의 딸들』본문 중에서

┃ 명정(明井)골 우물. 충렬사 건너편에 있다. 어떤 가뭄에도 물이 마르지 않는다고 한다. '정당샘'이라고도 한다. 일정(日井)과 월정(月井) 두 우물을 충렬사 향사와 일반 민가의 식수로 구별하여 썼다고 한다.

소설과는 무관한 이야기이긴 하나, 충렬사 건너 명정골 샘 맞은편에는 일제 강점기 때 통영을 찾았던 시인 백석의 「통영2」 시비도 세워져 있다.

난(蘭)이라는 이는 명정(明井)골에 산다든데

명정(明井)골은 산을 넘어 동백(冬栢)나무

푸르른 감로(甘露)같은 물이 솟는

명정(明井) 샘이 있는 마을인데

샘터엔 오구작작 물을 긷는 처녀며

새악시들 가운데 내가 좋아하는 그이가 있을 것만 같고

내가 좋아하는 그이는 푸른 가지 붉게붉게 동백꽃 피는 철엔

타관 시집을 갈 것만 같은데

긴 토시 끼고 큰머리 얹고 오불고불 넘엣거리고 가는 여인은

평안도(平安道)서 오신 듯한데 동백(冬栢)꽃 철이 그 언제요

옛 장수 모신 낡은 사당의 돌층계에 주저앉어서

나는 이 저녁 울 듯 울 듯 한산도(閑山島) 바다에 뱃사공이 되
어가며

녕 낮은 집 담 낮은 집 마당만 높은 집에서

열나흘 달을 업고 손방아만 찧는 내 사람을 생각한다
　　　　－ 백석, 「통영(統營) 2」, 『조선일보』, 1936.1.13 부분

란(蘭)이는 평북 정주 출신의 돌올한 시인 백석(白石, 1912~1996)이 사랑한 통영 출신 여성이다. 1935년 6월

백석은 이화고녀에 다니고 있던 란을 동료기자 허준의 결혼 피로연에서 처음 만났다. 첫눈에 사랑에 빠진 백석은 란을 만나기 위해 허준 부부를 따라 난생 처음으로 통영을 방문하게 된다. 그러나 백석은 통영에서 란을 만나지 못하였다.

이후 다시 한 번 더 통영을 찾은 백석은 란의 집을 찾아 혼인 허락을 받고자 하였다. 그러나 뜻을 이루지 못하였다. 몇 달 후 백석은 란이 자신의 절친한 친구와 혼인한다는 소식을 듣게 된다.

명정동 396번지에 산다는 란의 집은 충렬사 바로 앞에 있었다. 충렬사 돌계단에 주저앉아 란의 집쪽을 바라보며 오래불망 그녀를 기다렸을 시인 백석의 안타까운 마음이 가슴이 와 닿는다. 통영 사람들은 그의 시비를 란의 집이 있던 충렬사 앞길에 세워 주었다. 백석도 애틋하고 통영 사람들도 애틋하다. 통영은 대체 왜 이렇게 구석구석 애틋하고 문학적인가.

충렬사 맞은편에 세워진 백석 시비 『통영2』. 백석이 사랑했던 여인 란을 그리며 쓴 시이다.

다시 각설하여, 병수가 아비 조준구의 악종(惡腫)이 스치고 간 자리를 치유한 곳, 명정리(明井里)에서부터 박경리 소설의 길을 따라 통영을 돌아보는 것은 정녕 의미 있는 일이다. 1926년 10월 28일 박경리가 태어난 곳이 이곳에서 멀지 않은 문화동 328-1번지에 있기 때문이다.

명정에서 10~15분 정도만 빠른 걸음으로 걸으면 서문고개에 도착한다. 서문고개 가는 길 오른편에 나 있는 좁은 골목길로 80미터만 더 올라가면 박경리 생가에 도착할 수 있다. 입구에 서문고개 표지석과 박경리의 친필 문학비가 세워져 있어 쉽게 찾을 수 있다. 길이 좀 가팔라서 통영 사람들은 이곳을 '서문까꾸막'이라고 한다. 소설의 배경이기도 하고 박경리가 태어난 곳이기도 하다.

길이 가팔라지는 곳이 소설의 공간으로 등장한다는 것은 『김약국의 딸들』의 공간적 배경이 『토지』의 그것과는 유다른 곳임을 의미한다. 물론 두 작품 다 통영을 배경으로 선택하고 있다. 그러나 다음 줄거리에서 보듯이 『김약국의 딸들』에서 통영은 전래의 양반층이 무너지고 신흥부자가 득세하는 자본주의의 등장, 신분의 역전, 여성 지위의 변화 등 사회의 다양한 변화상을 포괄하는 공간으로 묘사된다.

선비적 성품을 지닌 김봉제는 김약국의 주인으로 통영의 유지이다. 아우 봉룡은 형과 달리 충동적이고 극단적인 성격이다. 그는 아내 숙정이 시집오기 전 그녀를 사모한 송욱이 집에 찾아온 것을 발견하고 분개하여 숙정을 때리고 송욱을 살해한다. 숙정은 비상을 먹고 자살한다. 숙정의 친정 오빠들이 누이의 원수를 갚으려 하자 봉룡은 집을 떠나 자취를 감춘다.

봉룡의 아들 성수는 봉제의 아내 송씨의 손에 자라나게 되나, 송씨는 성수를 심리적으로 괴롭힌다. 한편 봉제의 딸 연순은 결핵환자라는 약점 때문에 몰락한 양반 강택진과 혼인한다.

봉제 영감이 불행히도 독사에 물려 사망하고, 그에 따라 상당한 재산이 사위 강택진에게 돌아간다. 성수는 성품 무던한 한실댁과 결혼한다. 연순은 병이 악화되어 죽는다. 김약국을 이어받은 성수는 첫아들을 잃고 딸만 내리 다섯을 낳는다.

김약국이 생소한 어장(漁場) 사업에 손을 대면서 가산이 기울기 시작한다. 천성이 욕심쟁이인 장녀 용숙은 일찍 과부가 되었는데, 아들 동훈을 치료하는 병원 의사와 정을 통한다. 이 일로 용숙은 고통을 받고, 갈수록 돈만 밝히는 사람으로 변해간다. 둘째 딸 용빈은 영민하고 지적이지만, 애인 홍섭의 배신으로 상처를 받고 교원생활에 열중한다. 셋째 딸 용란은 관능적인 미인이지만 한돌과의 애욕에 빠져 급기야는 아편중독자에게 출가한다. 이러는 동안 김약국은 점점 몰락하여 과거 보잘 것 없던 정국주의 손에 재산이 다 옮겨가기에 이른다. 넷째 딸 용옥은 애정 없는 남편과 별거하다가 시부의 겁간을 피하여 남편을 찾아가던 중 뱃길에 죽게 된다. 용란이 머슴 한돌과 함께 도망치려 하다가 이를 눈치챈 남편의 손에 한돌과 어머니 한실댁이 살해된다. 충격으로 용란은 정신이상자가 된다.

용빈이 지켜보는 가운데 김약국이 사망한다. 공동묘지에 김약국을 장사하고 용빈은 집안을 정리한 후 배를 타고 통영을 떠난다.

-박경리, 『김약국의 딸들』 줄거리

┃ 서문고개 올라가는 길. 오른쪽에 '박경리 생가까지 80미터'라는 표지판과 박경리의 친필로 서문고개에 대해 쓴 문학비가 있다.

박경리는 자신이 태어나고 자란 명정골 일대를 무대로『김약국의딸들』에 나오는 이야기를 전개해 나간다. 그런데 박경리가 태어난 곳 자체가 그리 여유 있는 공간이 아니다. 생가는 붉은 벽돌 건물로 지어져 있어 골목 안에서는 제법 눈에 띄는 집이다. 지금은 다른 사람들이 살고 있으므로 들어가 볼 수 없지만, 벽 위에 '박경리 선생 태어난 집'이라는 팻말이 붙어 있다. 크기가 작아서 눈여겨봐야 찾을 수 있다.

박경리는 이곳에서 그리 따뜻한 어린 시절을 보내지 못했다. 그의 아버지가 작은댁을 취하였으므로 어머니와 함께 이 집에서 100미터 정도 떨어진 곳에서 따로 힘들게 살아야 했다.

박경리 생가에서 골목을 따라 계속 윗길로 올라가면 '뚝지먼당'이 나온다. '뚝지먼당'은 '뚝지'라고도 불리는데 '뚝지'

박경리 생가에 붙어있는 팻말. 크기가 작아서 눈여겨봐야 찾을 수 있다.

박경리 생가. 명정동에서 10~15분 정도 걸어 서문고개에 도착, 오른쪽 골목으로 80미터만 올라가면 박경리 생가가 나온다. 사진의 붉은 벽돌집이다. 벽에 박경리 생가를 표시하는 작은 패가 붙어 있다.

는 '독사(纛詞)' 즉 세지창(三枝槍)에 다는 붉은 기(旗)를 이르는 말이고, '먼당'은 '고개'를 뜻하는 말이다. 명정동과 문화동을 경계로 하는 고지대인 배수지 일대를 일컫는 지명이다. 예전에 이곳에 뚝지가 있었다 하여 '뚝지(纛址)먼당' '뚝지먼댕이'라 부른다. 언덕 정상에 평평하고 넓은 지형이 형성되어 있어서 통영사람들의 운동장 구실을 하던 곳이기도 하다. 지금은 동피랑과 마주보는 서피랑의 정상으로 더 많이 알려져 있다. 『김약국의 딸들』에 나오는 봉룡이 활을 쏘러 다니던 곳이다.

싸아! 솔바람 소리가 안뒤산에서 들려온다. 마을과 외따로 떨어져 있는 봉룡의 집은 괴괴하다. 봉룡은 하인 지석원(池石元)을 데리고 뚝지 활터에 가고 없었다.

−박경리, 『김약국의 딸들』 본문 중에서

뚝지먼당. 명정동과 문화동의 경계가 되는 고지대로 서피랑의 정상부다. 봉룡이 활을 쏘러 다니던 뚝지 활터가 이곳에 있었다. 지금은 '서포루'가 세워져 있다.

뚝지먼당에 오르면 양쪽으로 갈라져 있는 명정동과 문화동이 한눈에 들어온다. 충렬사, 명정동 샘 등 서문고개에서 충렬사 오거리까지가 환하게 보인다.

박경리는 뚝지먼당을 사이로 서문고개 방향의 문화동에서 태어나 명정동 방향 충렬 4가 15번지에서 성장하였다. 진주여고로 유학하기 전까지 그녀는 삯바느질을 하던 생모와 함께 우울한 성장기를 보냈다.

박경리가 살았던 동네에는 놋쇠로 장식품을 만드는 두석장(豆錫匠) 집과 우리나라 제4대 대통령 영부인으로 통영 유지 공도빈의 둘째 딸인 공덕귀(孔德貴, 1911~1997) 여사 생가도 있다.

뚝지먼당에서 내려와 서문고개를 거쳐 세병관(洗兵館) 쪽

뚝지먼당에서 내려다본 통영 앞바다 ┃ 뚝지먼당에서 내려다본 명정동 일대. 박경리
가 어머니와 함께 어린 시절을 보낸 곳이다.

골목으로 들어가면 소설『김약국의 딸들』에서 김약국의 집이 있었던 '간창골'이 나온다. 간창골은 현재 통영시 문화동 구 통영초등학교 아래쪽 마을 일대를 말한다. 이곳에는 옛날부터 통제영 관아가 밀집해 있었다. 그래서 '관청골(官廳谷)'이라 불렀는데, 통영 사투리로 '간창골'이라 부르게 된 것이다.

이 고을에 김봉제(金奉濟) 형제가 살고 있었다. 형인 봉제는 조상 때부터 살던 간창골 묵은 기와집에 있었고, 동생 봉룡(奉龍)도 간창골에 살고 있었지만 형네집과 뚝 떨어진 안뒤산 기슭의 청기와 집에 살고 있었다.

— 박경리,『김약국의 딸들』본문 중에서

이곳에는 지금 세병관, 통영문화원, 통영향토역사관, 간창골 우물 등이 골목길을 따라 여기저기 흩어져 있다.

통영(統營)이란 지명은 통제영(統制營)에서 따온 것이다. 통제영은 조선시대 왜적의 침입을 방비하기 위해 만든 삼도수군

세병관(洗兵館). 통제영의 객사 건물이다. 『김약국의 딸들』에서 묘사된 대로 일제시대에는 초등학교 교사로 사용되었다.

의 총본영으로, 지금의 해군본부와 같은 곳이다.

임진왜란 때 초대 통제사로 제수된 이순신 장군이 한산도에 진영을 세운 것이 최초의 통제영이었다. 하지만 정유재란 이후 여러 곳으로 옮겨 다니다가 제6대 이경준 통제사가 통영에 본영을 창건하면서 지금의 장소에 자리를 잡았다.

세병관은 통제영의 객사이다. 선조 38년(1605년) 1월에 기공해 그해 7월 14일에 준공하였다. 조선시대의 객사는 왕권을 상징하는 건물로 읍성의 가장 중요한 위치에 있었고 이를 중심으로 도시계획이 이뤄졌다. 통제영 건립과 동시에 세병관을 제일 먼저 지은 것은 이런 이유에서였다.

'하늘의 은하수를 가져다 피 묻은 병장기를 닦아낸다'는 뜻의 이름을 가진 세병관은 임진왜란이 끝나고 한산도에 있던 삼도수군통제영이 육지인 통영으로 옮겨오면서 지어진 객사

건물이다. 명칭은 두보의 시 「세병마(洗兵馬)」에서 따왔다. 성인 남자의 키보다 더 큰 현판에서 더 이상 전쟁이 일어나지 않기를 바라는 사람들의 마음을 느낄 수 있다.

"저리로 갈까?"

홍섭이 먼저 발을 떼어놓았다. 그리고 엉성하게 엮어둔 철망을 건너 교정으로 들어간다. 용빈도 뒤따랐다. 그들은 세병관―세병관은 소학교 교사의 일부분으로 사용되고 있었다.―돌축대 위에 나란히 걸터앉았다. 잿빛 박명이 깔린 세병관 돌축대 한구석에 시커먼 지붕의 그늘이 덮이고 사용이 금지된 세병관 정문 옆에 벚나무가 줄지어 서 있었다. 밤은 고요하다. 아름드리 기둥에 옛날 비자(婢子)를 잡아넣었다는 전설이 있는, 그래서 밤이면 귀신이 난다 하여 이 근방을 사람들은 피한다.

– 박경리, 『김약국의 딸들』 본문 중에서

인용문에서 볼 수 있듯, 일제시대에는 세병관이 통영국민학교 교사로 이용되었다. 박경리도 이곳에서 국민학교를 다녔다. 『김약국의 딸들』에서는 이곳에서 용빈과 홍섭이 이별을 하게 된다.

서울에 있을 때부터 홍섭의 태도가 미심쩍기는 하였다. 되도록 용빈을 피하려 하고 만나기를 꺼려하였다. 홍섭 때문에 심란했던 용빈이 교회에서 만난 것은 서울 Y교회당에서 자주 만나던 안목사의 조카딸 안마리아였다. 홍섭은 용빈과 헤어져 마리아와 결혼한 결심을 굳힌 것이다. 그날 저녁

홍섭은 용빈을 세병관으로 불러낸다. 그리고 마지막 대화를 나눈다.

용빈이 마음의 고통을 다스리기 위해 찾은 곳은 목사관의 미스 케이트였다. 소설에서 용빈과 용옥이 다니는 교회는 당시에도 실재했던 곳이다. 용옥 역시 어려운 일이 있을 때마다 이 교회로 가서 기도를 올리곤 했다.

1905년 호주선교사 아담슨에 의해 세워진 충무교회는 경남 통영지역의 최초 교회로서 세병관에서 세병로를 따라 중앙우체국 방향으로 내려오는 길 오른편 문화동 183번지에 있다.

그는 친정으로 가지 않고 간창골을 빠져 나와서 예배당으로 들어섰다. 아무도 없는 빈 예배당 안에는 불만이 휘황하게 밝았다. 용옥은 꿇어앉아서 한참 동안 흐느껴 울다가 기도를 올린다. (중략)
가을비가 예배당 함석지붕을 두들긴다. 유리창에서 빗물이 흘러내린다. 번개가 번득이면서 무서운 뇌성이 천지를 진동한다. 용옥은 더욱더 격렬한 목소리로 미친 듯 기도를 올리며 흐느껴 울었다.

- 박경리, 『김약국의 딸들』 본문 중에서

용옥의 시아버지 서영감은 아들이 집에 없을 때마다 며느리가 젖먹이는 모습을 바라보거나 손을 잡는 등 추근거리곤 했다. 망해버린 친정, 남편 서기두에게 사랑받지 못하는 결혼생활, 시부의 짐승같은 행동 등 고통이 삶을 옥죌 때에도 용옥

은 교회에서 기도하는 수
밖에 도리가 없었다.

간창골 아래쪽에 있는
충무교회 맞은편에는 극
장 '봉래좌(蓬萊座)'가 있
었다. 1914년 문을 연
이 극장은 일본인들을
위한 종합오락장으로 사
용되다가 1930년 영화
상영전용극장으로 바뀌
어 2005년까지 통영 사
람들을 위한 영화관으로
자리를 잡았다. 서울의

충무교회. 용옥과 용빈이 다니던 교회다.

단성사 다음으로 오래된 극장이었다. 지금은 철거되어 유료
주차장으로 사용되고 있다.

이곳에서 중앙로 쪽으로 조금만 내려오면 청마 유치환이
편지를 써서 보내곤 했던 '중앙우체국'이 있다. 소설에서 이
부근과 큰길 건너 중앙시장은 사람들이 많이 드나드는 번화
가로 등장한다.

통영에 대한 박경리의 애착은 유별하다. 그의 소설에서 발
견되는 통영 역사와 지리, 문화에 대한 해박함이 이를 설명
해 준다.

봉래극장 터. 1914년 극장 '봉래좌(蓬萊座)'로 개관한 곳이다. 충무교회와 마주
보는 곳에 있다. 지금은 유료주차장으로 운영되고 있다.

통영은 다도해 부근에 있는 조촐한 어항이다. 부산과 여수 사
이를 내왕하는 항로의 중간 지점으로서 그 고장의 젊은이들은 조
선의 나폴리라 한다. 그러니만큼 바닷빛은 맑고 푸르다. 남해안
일대에 있어서 남해도와 쌍벽인 큰 섬 거제도가 앞을 가로막고
있기 때문에 현해탄의 거센 파도가 우회하므로 항만은 잔잔하고
사철은 온화하여 매우 살기 좋은 곳이다. 통영 주변에는 무수한
섬들이 위성처럼 산재하고 있다. 북쪽에 두루미 목 만큼 좁은 육
로를 빼면 통영 역시 섬과 별다름이 없이 사면이 바다이다. 벼랑
가에 얼마쯤 포전(浦田)이 있고 언덕배기에 대부분의 집들이 송
이버섯처럼 들앉은 지세는 빈약하다. (중략) 이와 같은 형편은 조
상 전래의 문벌과 토지를 가진 지주층들—대개는 하동(河東,) 사
천(泗川) 등지에 땅을 갖고 있었다—보다 어장을 경영하여 수천
금을 잡은 어장아비들의 진출이 활발하였고, 어느 정도 원시적이

기는 하나 자본주의가 일찍부터 형성되었다. 그 결과 투기적인 일확천금의 꿈이 횡행하여 경제적인 지배계급은 부단한 변동을 보였다. 실로 바다는 그곳 사람들의 미지의 보고이며, 흥망성쇠의 근원이기도 하였다. 전해지는 말에 의하면 타관의 영락된 양반들이 이 고장을 찾을 때 통영 어구에 있는 죽림고개에서 갓을 벗어 나무에다 걸어놓고 들어온다고 한다. 그것은 통영에 와서 행세를 해봤자 실속이 없다는 비유에서 온 말일 게다. 어쨌든 다른 산골 지방보다 봉건제도가 일찍 무너지고 활동의 자유, 배금사상이 보급된 것만은 사실이다.

– 박경리, 『김약국의 딸들』 본문 중에서

인용문 중 조상 전래의 문벌과 토지를 가진 지주층들보다 어장을 경영하여 수천 금을 잡은 어장아비들의 진출이 활발하였고, 자본주의가 일찍부터 형성되어 투기적인 일확천금의 꿈이 횡행하고 경제적인 지배계급이 부단한 변동을 보인다는 것. 이 사실이 바로 박경리『김약국의 딸들』의 이야기가 전개되는 밑바탕이 된다.

전통의 붕괴, 그리고 이를 대체하는 새로운 세대의 등장 등 『김약국의 딸들』에서 통영은 분명 세대교체의 중심지가 분명하다. 근대가 이행되는 시대의 역사적 현실이 등장인물들의 개인사와 맞물려 박진감 있게 전개된다. 명정골에서 간창골을 아우르는 서문고개 일대는 이러한 사건 전개에 시의적절한 공간으로 부각되고 있다.

이제 박경리 공원과 문학기념관이 있는 산양읍으로 찾아
갈 순서가 되었다. 산양읍 신전리 1426-1번지. 박경리의
묘소가 있는 곳의 지번이다. 작가는 2008년 5월 9일 이곳
으로 와서 영면 중이다.

산양읍에 세운 박경리 기념관. 2010년 4월에 완공되었다.

박경리 기념관 내부

모진 세월 가고

아아 편안하다 늙어서 이리 편안한 것을

버리고 갈 것만 남아서 참 홀가분하다

—박경리, 「옛날의 그 집」 부분

박경리 공원에 누워있는 흰 바위에 이런 구절이 새겨져 있
다. 그렇다면 작가가 생각한 통영은 『김약국의 딸들』에 등장
하는 갈등과 변화, 세대교체의 공간이라기보다 『토지』의 작
중인물들이 느꼈던 치유와 재생의 공가에 부합히는 듯하나.
징식 없는 봉분 아래 용초도와 한산도 사이로 물길 이어지
는 통영 앞바다가 바라다 보인다. 물빛 고운 바다, 작가가
돌아와서 영원히 쉬고 싶어 했던 바로 그 바다다.

| 박경리 묘소에서 바라본 물빛 고운 통영 바다

박경리(朴景利, 1926~2008)

　1926년 10월 28일 경남 통영시 명정리에서 박수영(朴壽永)의 장녀로 출생했다. 본명 박금이(朴今伊). 1945년 진주여자고등학교를 졸업하였다. 1950년 수도여자사범대학(현 세종대학교) 가정과를 졸업하고, 황해도 연안여자중학교 교사로 재직하였다. 1955년 김동리의 추천으로 『현대문학』에 단편 「계산」을 발표하여 등단하였다. 1958년 첫 장편 『애가』를 『민주신보』에 연재하기 시작했으며, 1959년 장편 『표류도』로 제3회 내성문학상을 수상하였다. 1962년 장편 『김약국의 딸들』을 비롯하여 『시장과 전장』, 『파시(波市)』 등 사회와 현실에 대한 비판성 강한 문제작을 잇달아 발표하여 문단의 주목을 받기 시작하였다. 특히 1969년 6월부터 대하소설 『토지(土地)』를 집필하기 시작하여 25년 만인 1994년에 완성하였다. 1999년 토지문학관 이사장으로 취임하였다. 6·25전쟁 때 남편이 납북되었으며 시인 김지하가 사위이다. 2008년 5월 5일 폐암으로 사망하였다. 사후 2008년에 금관문화훈장이 추서되었다.

2

김동리 소설의 길을 따라,
−다솔사와 해인사, 그리고 광명학원에서 하동 쌍계사까지

다솔사, '진달래'와 '저승새'의 공간
장군바위 전설과 '황토기'
만해와 '등신불'
해인사와 '산화'
원전 광명학원, '바위'와 '혼구'의 공간
하동, '당고개 무당'과 '역마'의 공간

다솔사, '진달래'와 '저승새'의 공간

다솔사 적멸보궁. 원래 대웅전이 있었으나 1979년 후불탱화 속에서 108개의 석가모니 진신사리가 발견되면서 적멸보궁으로 개축하였다.

다솔사 차밭. 다솔사 주지 효당 최범술 스님은 한국 다도 보급의 선구자였다. 다솔사 차밭에서는 지금도 매년 품질 좋은 차가 생산된다.

다솔사(多率寺)는 경상남도 사천시 곤명면 용산리 봉명산(鳳鳴山)에 있는 절이다. 신라 지증왕 때 연기조사(緣起祖師)가 창건한 고찰로 석가모니 진신사리를 모시고 있다. 만해 한용운(萬海 韓龍雲, 1879~1944)을 비롯해 독립운동과 정치교육, 불교철학 연구교육에 힘을 쏟았던 김법린(金法麟, 1899~1964)과 최범술(崔凡述, 1904~1979), 김범부 등이 은거하면서 독립운동을 벌인 곳으로 유명하다. 김동리가 머무르던 때 다솔사 주지는 효당(曉堂) 최범술로, 어린 나이에 다솔사로 입산 출가하여 일본 대정대학 불교과를 졸업하고 독립운동에 관련되어 옥고를 치르기도 한 이였다. 그가 주지를 맡으면서 다솔사는 만해 한용운이 조직한 불교비밀결사단체인 '만당(卍黨)'의 거점이 되었다.

　이처럼 범상치 않은 절

로 김동리(金東里, 1913~1995)는 문학을 향한 출가를 감행하였다. 1935년의 일이다. 그해 1월 「화랑의 후예」가 『조선중앙일보』 신춘문예에 당선되자 김동리는 당선상금으로 받은 50원을 노자삼아 다솔사로 들어왔다. 이유는 한 가지뿐이었다. 좀더 조용한 곳에서 차분히 제대로 된 소설을 쓰겠다는 생각 때문이었다. 동양철학의 대가인 맏형 김범부(金凡父, 1897~1966)가 은거해 있다는 소식도 다솔사를 찾는 데 한 몫을 했다.

어려서부터 절 구경은 많이 다녔지만 아예 절간의 방을 한 칸 빌려서 지낸 것은 이때가 처음이었다. 다솔사에는 대양루를 입구로 절 마당 중앙에 적멸보궁이 있고, 마당을 사이에 두고 동쪽에 안심요(安心寮)가 있다. 안심요에는 방이 네 개 있는데, 김동리는 이곳에서 최범술, 김범부, 김범부의 아들 지홍과 함께 거처를 정하고 지냈다.

당시 김범부는 승려들에게 동양철학을 가르치고 있었는데, 만해 한용운과 범산 김법린 등이 이곳에서 어울려 독립운동과 관련한 모임을 가지곤 했다. 지금 안심요 앞 마당에는 1939년 만해 한용운의 환갑을 맞아 김범부, 김법린, 최범술, 최린, 허백련 등이 기념으로 심은 황금공작편백나무 세 그루가 우뚝 자라 있어 당시 그들의 만남에 대해 증언해 주고 있다.

제대로 된 소설을 쓰기 위해 다솔사에 오기는 했지만, 안심요에서 지내는 몇 달 동안 김동리는 사실상 아무 것도 �

다솔사 안심요(安心寮). 한용운, 김범부 등이 거처로 이용하였다. 김동리는 이곳
에 머물면서 『등신불』, 『황토기』 등을 구상하였다.

다솔사 안심요 방안에 놓여 있는 만해 한용운과 김동리의 사진.

지 못하고 우두커니 세월을 보냈다. 짐이라고는 원고지 한
뭉치와 만년필 한 자루뿐이었기에 낮이고 밤이고 태고 속같
이 고요한 절간에 혼자 가만히 누워 시간을 보냈다. 모든 것
이 감각적으로 그의 마음과 생각을 자극하였다.

아직 겨울옷을 입고 있을 무렵인데, 이른 저녁을 먹고 절의 동쪽 뜰에 있는 석란대(石蘭臺) 앞에 나와 서면 동구 쪽에서 아련한 개구리 소리 같은 것이 들려왔다. (중략) 내가 묵는 절간 방문 앞에는 크고 작은 파초가 여러 포기 다른 나무와 꽃들을 가리듯 하고 서 있었다. 넓은 툇마루에 나앉아 개인 하늘과 파초 잎만 바라보고 있노라면 뻐꾸기 소리, 꾀꼬리 소리, 딱따구리 소리, 북소리, 경쇠 소리들마저 귀로 들려온다기보다 파초 잎이 묻혀다 눈에 전해 주는 듯한 착각을 일으키곤 했다. (중략) 그렇게 달포쯤 지나니 이 절간에도 봄바람이 불어왔다. 절을 에워싼 산과 수풀 속에서 진달래가 피기 시작했다.

                             - 김동리, 「방랑의 세월」, 『나를 찾아서』, 민음사, 1997

위 회고문에서 썼듯이 김동리가 처음 다솔사에 들어갔을 때는 봄도 되기 전이었다. 당연히 개구리가 있을 리 만무한데 어디선가 개구리 소리 같은 것이 아련히 귀를 울리곤 했다. 그리고 딱따구리 소리, 북소리 등 각종 소리가 파초 잎에 묻혀 보이는 것 같은 공감각적 착각을 일으켰다. 봄바람과 함께 절을 에워싼 산과 수풀 속에서 피어나는 진달래마저 형언할 수 없는 감격을 불러일으켰다.

이때 다솔사 생활이 김동리에게 미친 영향은 지극히 감각적이면서 원초적인 것이었다. 좀 과장해서 표현한다면 환청이나 환각 수준의 아득한 느낌이 끊임없이 그를 자극하였다고 할 수 있다. 후일 작품화된 「진달래」(1955)와 「저승새」(1977)에서 그 구체적인 모습을 발견할 수 있다.

부도암은 봄이 되면 진달래꽃으로 묻히었다. 그것이 멀리서 보
면, 발그레한 아지랑이 속에 조는 듯했다. 큰절에서 왼쪽으로 고
개를 하나 넘어 깎아지른 벼랑을 돌아가면 있는 구석자리에, 이
오래된 암자는 세상과는 아무 관련이 없다는 듯이 나직이 앉아있
었다.

-김동리, 「진달래」 본문 중에서

인용문으로 시작하는 소설 「진달래」의 배경은 바로 다솔사
로 보아도 무방할 것이다. 김동리는 다솔사에서 보낸 첫해
봄에 만난 진달래꽃의 선연한 충격을 꽃 속에서 죽은 어린
사미승의 이야기에 담아 표현하였다.

봄이 오면 진달래꽃으로 묻히는 오래된 암자에 예순 넘은 노승
과 그의 외손주인 아홉 살 상좌 성혜가 살고 있다. 목이 가늘고
얼굴이 가무잡잡한 이 소년은 유달리 봄을 많이 탄다. 진달래가
필 무렵이면 끼니를 잊다시피 하고 산으로만 돌아다닌다. 입술이
새카맣고 똥에 꽃이 섞여 나오는 것으로 보아 진달래를 따먹고
다닌다는 것은 짐작할 수 있지만, 노승의 물음에 소년은 말없이
'먹물을 갈아 부은 듯한' 눈으로 가만히 쳐다만 볼 뿐이다.

성혜가 암자에 들어온 것은 여섯 살 때의 일이다. 노승의 딸이
겨우 여섯 살 밖에 되지 않은 소년을 앞세우고 이른 봄 절을 찾아
왔던 것이다. 딸은 노승에게 아무 사연도 말하지 않은 채 사흘 동
안 울기만 하다가 떠나가 버렸다.

노승의 딸은 노승이 열일곱 살일 때 두 살 손위인 이복누이와 배

를 맞추어 낳은 무서운 운명의 씨앗이었다. 그 길로 그는 머리를 깎고 절에 들어와 중이 되었고 누이는 이웃마을 술집의 소실이 되었다. 그런 후 딸은 남의 손에 자라고 있는 줄 알고 있었는데, 이렇게 아비를 찾아와 자기 아들을 맡기고는 떠나버린 것이다.

어미가 떠난 후 삼년 동안 소년은 봄만 되면 종일 진달래 속에 묻혀 살았다. 소년이 내려놓는 꽃묶음 속에는 진달래 외에 무서운 꽃버섯도 함께 섞여있었다. 노승이 노여워하며 주의를 주었지만 알아들었다는 말 한마디 없었다. 그러던 어느 날, 노승은 독버섯과 진달래를 먹고 바위틈에 싸늘히 식은 채 누워있는 소년을 발견하게 된다. 당황히 안아 일으키려 했지만 소년의 몸은 이미 굳어진 상태였고, 그의 콧구멍에선 진달래 꽃내와 함께, 쌉쌀한 버섯냄새가 풍겨나고 있었다.

-김동리, 「진달래」줄거리

자기를 버리고 떠난 엄마를 그리는 마음에 아홉 살 어린 사미승이 진달래와 꽃버섯을 섞어 먹고 꽃 속에서 싸늘하게 죽어간다는 이야기에서 독자들은 불교적 운명론과 한데 어우러진 탐미주의와 허무주의의 극치를 발견하게 된다. 그것은 김동리가 다솔사에서 처음 만난 봄에 느꼈던 갈데없는 환각이고 환청의 시각화였다.

사미승 성혜의 죽음은 이유가 분명한 선택이었다. 타는 목마름 끝에는 죽음밖에 답이 없는 법이기 때문이다. 다솔사를 찾았던 김동리의 심적 상태도 바로 이런 것 아니었을까. 책읽기도 글쓰기도 할 수 없었던 나날들. 뭔가 찾아내야 하는데 그것의 정확한 형식이나 방법을 찾아내지 못한 청년 김동리의 안타까운 열정이 우두커니 아무 것도 시도하지 못한 채 시간만 보내는 모습으로 나타난 것 아니었을까.

「저승새」는 마치 「진달래」의 연작소설 같은 작품이다.

이 소설에 나오는 '저승새'는 바로 '까막딱다구리'의 별칭이다. 까막딱따구리는 속이 빈 고사목을 연속적으로 두들겨서 아주 큰 소리를 내는 새인데, 다그르르르…… 하는 이상하게 맑고 투명한 소리가 목탁 소리 같다 하여 흔히 '목탁새'라고 부른다.

그런데 이 소설에 등장하는 허허당(虛虛堂) 만허(滿虛)스님과 동료 승려들은 모두 이 새를 '저승새'란 이름으로 더 많이 부른다. 뚜렷한 까닭은 없다. 그저 무엇인지 저승을 많이 느끼게 하기 때문이다.

이 새가 처음 운봉사를 찾아온 것은 만허스님이 이 절에 들어온 이듬해인 35년 전의 일이다. 새가 어떻게 35년씩 살 수 있는지 사람들이 물을 때면 만허스님은 "새라고 백 년은 못 사는가."하고 중얼거렸다. 해서 이 절의 스님들은 모두 이 새의 나이가 서른 다섯 살이 넘은 것을 의심하지 않았다.

새가 나타난 첫 해에 스님의 얼굴이 눈물에 젖었다고, 어떤 스님이 슬쩍 비친 일도 있었다. 또 어느 해에는, 다그르르르…… 하는 소리를 듣자 스님은 자기도 모르게 낮은 목소리로, '오, 남이'하고 불렀다는 것이다.

– 김동리, 「저승새」 본문 중에서

저승새가 나타나는 날이면 스님은 언제나 산문 밖 길마재 마을 앞 샘터로 간다. 거기서 샘물 한 쪽박 떠서 마시고는 가만히 앉아 있다가 돌아오곤 한다. 이로 인해 사람들 사이에는 만허스님과 저승새에 얽힌 사연이 은은히 번져나게 된다.

만허스님의 본디 이름은 경술(慶述)이다. 열 아홉 살 때 이웃 동네의 남이네 집 머슴으로 들어갔다. 그해 남이는 열다섯 살이었다. 삼년 째 되던 해 여름 두 사람은 서로 사랑에 빠지게 된다. 그러나 그해 늦가을 갑자기 남이의 혼처가 정해졌다. 혼담이 정해진 지 사흘 뒤 남이는 죽어도 경술을 잊지 못할 것이라는 굳은 결심을 남기고 가버린다. 병석에 누운 경술이 몇 달 후 자리에서 일어나서 제일 먼저 한 일은 남이가 시집가 사는 길마재마을 앞 샘터에 다녀온 일이었다. 집에서 오십 리나 되는 곳이었지만 사흘에 한 차례씩 이 샘터에 가서 물 한 쪽박만 마시고는 돌아오곤 했다.

그런 후 경술은 갑자기 운봉사의 중이 되었다. 큰절을 찾아가 참선을 시작한 건 다시 이듬해 봄 그 황홀한 저승새가 나타난 뒤의 일이었다. 그러나 해인사 백련암에서 삼 년간이나 참선을 했으면서도 끝내 저승새를 잊지 못하고 운봉사로 돌아오고 말았다.

운봉사의 어린 사미(沙彌) 혜인(慧印)과 적인(寂印)은 이날 만허선사를 찾아 길마재 샘터로 가다가 서른 댓 살 가량의 사내를 만난다. 사내는 혜인을 맡아 키워준 일가 아저씨였다. 오늘이 혜인의 할머니와 아버지의 제삿날이라는 것이다.

"자(혜인)는 아무꺼도 모를 거다마는, 자 할매 땜에 이 집은 아주 망한 거다. 어째 하필 자기 죽은 날, 아들을 데려가노 말이다. 그것도 독자 아들을. 하도 기가 막혀서 집안 사람들이 무당한테 가서 점을 쳐봤다 안카나. 점을 쳐보니 본디 자 할매가 우리 집에 시집 오기 전에 좋아한 남자가 있었다 안카나? 그 남자 땜에 자 할매는 이내 죽고, 아들 하나 있는 것까지 데려갔다 안카나? 그래 굿을 해주면 원한이 풀릴 꺼락 하지만 인자 자도 절에 가버렸고 아무도 없으니 귀신도 달라붙을 데가 없어졌다 앙이가."

– 김동리, 「저승새」 본문 중에서

이날 만허스님은 절로 돌아오지 않았다. 이튿날도, 그 다음, 다음날도 돌아오지 않았다. 이듬해 봄부터는 해마다 오던 저승새도 나타나지 않았다.

저승새로 변하여 삼십 오년간 운봉사를 찾아온 남이의 영혼과 그를 따라간 만허선사, 그리고 남이의 손자인 어린 사미승의 이야기가 몽환적이고 초자연적인 힘을 가진 불교적 윤회의 고리에 묶여 무시 못할 운명의 무게를 느끼게 해 준다. 다솔사에서의 몇 달간 김동리는 아무 하는 일 없이 우두커니 시간을 보낸 듯하였으나, 실상 「진달래」나 「저승새」 같은, 다솔사가 아니었으면 결코 얻지 못했을 소설의 모티프를 얻고 있었던 것이다.

장군바위 전설과 '황토기'

　다솔사에서 동리가 만난 것은 진달래꽃과 저승새만이 아니었다. 다솔사 지역은 김동리에게 가장 중요한 문학적 모티프를 제공해 준 장소였다. 「황토기」의 '장사와 절맥설' 모티프, 「바위」의 '문둥이' 모티프, 「등신불」의 '소신대' 등 많은 장소적 모티프가 다솔사에서 비롯되었다.

다솔사 장군바위. 전설에 서봉사 승려들이 붓으로 쳐서 깨뜨렸다는 바위이다. 윗부분에 깨진 자국이 선명히 보인다.

　다솔사에 얽힌 전설 중 대표적인 것이 장군바위 전설이다. 다솔사 주차장에 도착하기 전 왼편으로 나있는 옛길로 올라가면 옛날 최치원이 노닐었다는 청학대가 나온다. 이곳에 우뚝 서있는 장군바위에 재미있는 이야기가 전한다.

　옛날 다솔사 뒤 산길 5리쯤 되는 곳에 서봉사라는 큰 절이 있었다. 서봉사는 봉암산 정상 봉바위의 정기를 받아 예로부터 학승(學僧)을 많이 배출하였다. 반면 다솔사에서는 장군바위 기운을 받아 무승(武僧)이 많이 나왔다. 서봉사 학승들과 다솔사 무승들은 항상 다툼이 잦았다. 어느 날 성질 급한 무승들이 몰려가서 칼로 봉바위를 치니 바위가 두 동강이 나면서 봉이 하늘로 날아가 버렸다. 변을 당한 서봉사 학승들은 다솔사로 몰려와서 장군바위의 목을 붓대로 쳐서 부러뜨려버렸다. 놀란 다솔사 스님들은 급히 장군바위를 일으켜 세우고 떨어져나간 바위 윗부분을 다시 붙여놓았다. 이 일 후 서봉사는 급속히 쇠락하고 말았다. 그러나 다솔사의 장군바위는 오래된 전설을 입증이라도 하듯 깨어진 자국을 그대로 지닌 채 지금도 묵묵히 자리를 지키고 있다.

다솔사와 서봉사의 승려들이 바위의 정기를 끊어놓기 위해 서로 싸웠다는 이야기는 후일 「황토기」의 중요한 모티프가 되었다. 여기에 다솔사 만허선사에게서 들은 두 장사의 이야기가 더해졌다.

내가 경상남도 사천군 다솔사에서 묵고 있을 때다. (중략) 그때 만허선사(滿虛禪師)에게서 들은 이야기다. ─ 옛날 경주 부근 어느 산골짜기에 늙은 두 장사가 살고 있었다. 그들은 둘이 다 보통 사람으로서는 상상할 수도 없는 초인적인 힘을 가지고 있었다 그런데 그들은 하는 일 없이 서로 싸우기를 잘하였다. 왜 싸우는지는 아무도 몰랐다고 한다. 그렇게 그들은 까닭모를 싸움만 하다가 그대로 늙어 죽고 말았다.─ 이것이 이야기의 전부다.

- 김동리, 「주제의 발생」, 『신문예』, 1959.1

김동리는 이 이야기에서 어떤 충격을 받고, 천하장사로 태어났으나 그 힘을 쓸 데를 찾지 못한 억쇠와 득보가 비로소 제대로 된 맞수를 만나 힘겨루기를 하며 지내게 된다는 「황토기」의 줄거리를 만들어내게 된다.

물론 억쇠와 득보의 등장에 개연성을 부여하기 위해 작가는 등천(騰天)하려다가 금오산에서 굴러 떨어지는 바위에 맞아 허리가 상한 황룡 한 쌍의 피로 '황토곬'이 생겨났다는 상룡설(傷龍說) 또는 쌍룡설(雙龍說)을 동원한다. 이 외에 절맥설(絶脈說), 즉 옛날 당(唐)나라에서 나온 어느 장사가 이 산에서 동국의 장사가 난다면 감히 중원을 범할 것이라 혈을 지르니 석달 열흘 동안 붉은 피가 흘러내려 황토골로 변했다는 이야기도 동원한다.

이러한 절맥설 역시 곤명 봉명산 다솔사의 풍수지세와 딱 떨어지는 이야기가 아닐 수 없다. 다솔사는 진입로에 소나무가 많아 소나무를 뜻하는 솔자를 쓴 이름으로 오해하는 사람이 많지만, '다솔(多率)'이란 뜻풀이 그대로 '많이 거느린다'는 뜻이다. 주산인 봉명산의 모습이 장군이 앉아 있는 듯한 형상 즉 '장군대좌혈(將軍大座穴)'이어서 붙은 이름인 것이다.

실제로 다솔사로 들어가는 초입 소나무 숲에는 '어금혈봉표(御禁穴封表)'라는 바윗돌이 있다. 고종 때 경상감사가 다솔사 명당에다 선영을 안장하려 하자 다솔사 승려들이 탄원

서를 올려 봉명산에는 분묘를 안치하지 말라는 어명을 받아 저지했던 징표다. 이 봉표는 이른 바 명당, 즉 길지를 보존하기 위해 임금이 직접 하사한 글씨여서 특별하다. 봉명산의 풍수지세가 가히 여러 인재를 거느리는 장군이 나올 만한 땅임을 임금이 인정하고 무덤을 만들지 못하도록 금하였으니, 족히 황토골의 절맥설이 연상되는 대목이라 할 것이다.

김동리가 다솔사에서 「황토기」의 이런 모티프를 떠올리게 된 데는 또 다른 이유가 있다.

'네놈이 내 초상 안 치르고 자빠질 줄 아나.'

억쇠는 문득, 언젠가 득보가 가래와 함께 배알아 놓던 이 말이 머리에 떠오르며 동시에, 아까 술상 위에 내어 놓던 득보의, 그 날이 시퍼렇던 단도가 생각났다. 그 한 뼘도 넘어 될 득보의 단도 날이 자기의 가슴 한복판을 푹 찔러, 이 미칠 듯이 저리고 근지러운 간과 허파를 송두리째 긁어내어 준다면, 하는 생각과 함께 자기 자신도 모르게 몸서리를 한번 치고, 문득 걸음을 멈추며, 고개를 들었을 때, 해는 이미 황토재 위에 설핏한데, 한마장 가량 앞에는 득보가 터벅터벅 혼자서 먼저 용냇가로 내려가고 있었다.
－김동리, 「황토기」 본문 중에서

황토골 토박이 억쇠와 떠돌이 득보는 파괴적이고 무의미한 힘겨루기를 되풀이한다. 두 사람은 언제든지 죽어도 좋다는 생각으로 피투성이가 되도록 각자의 힘을 소모함으로써 쾌감을 맛본다. 그러기에 싸움의 빌미를 찾기 위해 분이를 사이에 두고, 또는 설희를 사이에 두고 늘 시비를 걸곤 한다. 결국 분이에 의해 설희는 죽고 득보는 깊은 병을 읽게 된다. 무의미하고 허무적인 싸움의 결국은 서로가 서로의 손에 죽기를 바라는 바람으로 드러난다. 억쇠나 득보나 피차 상대방이 자기의 '가슴 한복판을 푹 찔러, 이 미칠 듯이 저리고 근지러운 간과 허파를 송두리째 긁어내어' 속 시원히 죽여주기만 바라고 있는 것이다.

이같은 허무주의적 경향은 결국 그들의 힘이 생명력으로 전용될 무대를 잃어버린 탓에 생겨난 것이다. 어디에서도 제 능력을 발휘하지 못하는 식민지 청년의 현실적 울부짖음이 여의주를 잃은 용들의 파괴적인 싸움으로 형상화되어 나타난 것이다. 식민지 청년이었던 김동리가 만당의 거점이었던 다솔사에서 이런 모티프를 얻게 된 것은 일견 당연한 일로 보인다.

만해와 '등신불'

다솔사 시절의 체험이 밑바탕이 된 중요한 작품이 하나 더 있으니 「등신불」(1960)이 바로 그것이다. 「등신불」은 동리가 추구한 바, '인간도 부처가 될 수 있다'는 생각을 설파한 작품이다.

1938년 김동리가 결혼한 바로 그 해에 다솔사 주지 효당 스님 최범술과 만해 한용운, 김동리의 맏형 김범부가 한 자리에 모인 때가 있었다. 이때 김동리는 원전 광명학원에서 학생들을 가르치고 있었는데 서울에서 한용운이 내려왔으니 학원이 파하는 대로 다솔사로 오라는 전갈을 받게 된다. 김동리가 한용운을 처음 만나는 자리였다. 세 사람이 함께 차를 나누던 중 만해가 문득 소신공양 이야기를 꺼낸다.

안심요(安心寮) 앞뜰에 있는 황금공작편백나무. 1939년 만해 한용운의 회갑을 맞아 김범부, 김법린, 최범술 등이 기념으로 심은 것이다.

"범부, 중국 고승전(高僧傳)에서는 소신공양(燒身供養)이니 분
신공양(焚身供養)이니 하는 기록이 가끔 나오는데, 우리나라에서
는 별로 눈에 띄지 않아……" 했다. 내 백씨는 천천히 입을 열며,
"글쎄요. 형님이 못 보셨다면야……" 하고 자기도 기억이 없노라
는 것이다.
　내가 참견을 했다.
"소신공양이 뭡니까?"
나에게 있어서는 처음 듣는 이야기였다.
— 김동리, 「마해 선생과 등신불」, 「나를 찾아서」, 민음사,
1997.

　성불하기 위해 불 속으로 뛰어드는 것인지 묻는 동리에게
만해는 그냥 부처님께 합장하고 앉은 채 머리 위에 불덩어리
든 향로를 갖다 씌운다는 설명을 해 준다. 김동리는 이 이야
기에 심한 충격을 받았다.

　나는 더 물을 힘이 나지 않았다. 벌겋게 단 향로 따위를 머리에
쓴다고 생각하자 몸에 소름이 끼쳤다. 그 뜨거움을 어떻게 견뎌
낼까, 어떻게 곧 고꾸라지지 않고 앉은 자세를 유지해 낼까……
나는 아래턱이 달달달 떨려서 견딜 수 없었다. 나는 자리에서 일
어나 밖으로 나왔다.
— 김동리, 「마해 선생과 등신불」, 「나를 찾아서」, 민음사,
1997.

김동리는 이 내용을 노트에 간단히 기록만 해두었다가 20년 후에 소설로 써서 세상에 내놓게 된다. 이 작품이 바로 「등신불」이다.

대정대학 재학 중에 학병으로 끌려간 나는 1943년 여름 중국 남경에서 서공암이라는 작은 암자에 독거하고 있는 진기수를 만나러 간다. 나는 미리 준비한 흰 종이를 끄집어내어 바른편 손 식지 끝을 물어서 피를 내어 다음과 같이 쓴다.

'願免殺生 歸依佛恩'(원컨대 살생을 면하게 하옵시며 부처님의 은혜 속에 귀의코자 하나이다)

진기수는 나를 정원사의 원혜대사에게 보내어 전쟁을 피하게 도와준다. 그곳에서 나는 등신불을 보게 된다. 그 불상은 옛날 만적이란 스님이 소신공양하여 성불한 몸에 금을 씌운 것이다. 그날 아침 공양을 마치고 청정실로 건너 올 때 나는 등신불에 관한 이야기를 듣게 된다.

며칠 후 원혜대사는 내게 '만적선사소신성불기(萬寂禪師燒身成佛記)'를 읽게 한다. 만적은 법명이요, 속명은 기, 성은 조씨다. 어머니 장씨가 사구라는 사람에게 개가했는데 그에게 한 아들이 있어 이름을 신이라 했다. 하루는 어미가 두 아이에게 밥을 주면서 신의 밥에 독약을 감추었다. 기가 우연히 이것을 보고는 스스로 신의 밥을 먹으려 하였다. 어머니가 놀라 말하기를, 이것은 너의 밥이 아니다. 어째서 신의 밥을 먹느냐 했다. 신과 기는 아무도 대답하지 않았다. 며칠 뒤 신이 집을 떠나서 자취를 감추었다. 기가 말하기를 신이 집을 나갔으니 내가 반드시 찾아 데리고 돌아오리라 하고 중이 되어 이름을 만적이라 고쳤다.

만적이 스물 네 살 되던 해 봄에 몸을 태워 부처님 앞에 바치는 데, 그 때 마침 비가 쏟아졌으나 만적의 타는 몸을 적시지 못할 뿐 아니라 점점 더 불빛이 환하더니 홀연히 보름달 같은 원광이 비치었다. 사람들이 이것을 보고 불은을 느끼고 몸의 병을 고치니 이는 만적의 법력의 소치라 하고 다투어 사재를 던져 새전이 쌓였다. 새전으로 만적의 탄 몸에 금을 입히고 절하여 부처님이라 하였다. 그 뒤 금불각에 모시니 때는 당나라 중종 십 육년 성력 이년 삼월 초하루다.

이야기를 마친 후 원혜대사가 나더러 바른손 식지를 들이보라 했다. 나는 달포 전에 남경 교외에서 진기수 씨에게 혈서를 바치느라고 물어 뗀 식지를 쳐들었다. 그러나 대사는 아무 말이 없었다.

– 김동리, 「등신불」 줄거리

소설의 마지막 장면은 바로 불교의 화두(話頭)에 준하는 행위이다. 아마도 발심(發心) 여하를 묻는 방법으로는 말보다 행동이 더 정확하고 진실하다 여겼기 때문일 것이다. 즉 대사는 이런 행동을 통해 나의 식지가 만적의 등신불과 같은 궤에 놓이는 공양 결과물임을 넌지시 가르쳐 주고 있다. 만적과 나의 동일화를 통해 소신공양의 의미를 명확히 나타내고 있는 것이다.

이처럼 「등신불」은 시공간을 달리하는 두 인간의 기이한 상봉에서 빚어지는 극적 긴장감을 통해 작가가 이야기하고자 하는 바를 전달하는 작품이다. 만적을 통해 인간성 속에 내재된 신성을 드러내고, 그의 죽음을 통해 부처의 경지에

이르는 과정을 보여주고 있는 것이다.

연구자 중에는 「등신불」의 소신공양 모티프에 다솔사 부둣돌(부도) 밑에 있던 소신대(燒身臺) 이야기가 더해졌다는 이도 있다. 다솔사에 실제로 소신대가 있었다는 것이다.(-김정숙, 『김동리 삶과 문학』, 집문당, 1996) 그러나 당시 다솔사 주지였던 효당 최범술 스님의 차녀 묘인스님의 증언에 따르면 다솔사에 소신대가 있었다는 말은 사실무근이다. 다만 다솔사 올라가는 산길 초입의 삼거리에서 오른쪽 언덕으로 올라가면 옛날 승려들의 다비장 터로 사용됐던 장소가 흔적이나마 남아있는데, 이곳을 소신대로 잘못 알고 전한 이야기일 수는 있겠다.

이상에서 살펴본 대로, 「진달래」, 「저승새」, 「황토기」, 「등

70

신불」 등은 김동리가 다솔사를 거쳐 해인사에 칩거할 때까지 보고 듣고 겪은 불교적 체험들을 담고 있는 작품들이다. 이 외에도 다솔사에서 지내는 동안 보고 들은 많은 일들이 소소하게 여타 소설의 모티프로 활용되었을 것이다.

김동리가 이처럼 많은 모티프를 다솔사에서 발굴해낼 수 있었던 것은 그가 오로지 한 가지 이유, 즉 제대로 된 소설을 쓰기 위해 다솔사를 찾았기 때문이다. 이렇게 볼 때 '절망한 사람이 가는 곳, 그것이 문학이다. 절망한 사람이 가는 곳, 그곳이 다솔사이다.'라고 말한 김윤식의 표현은 참으로 적확하다.(-김윤식, 『김동리와 그의 시대』, 민음사, 1995) 그 절망이 민족의 것이었든 한 개인의 것이었든 김동리라고 하는 소설가에게 있어서는 결과적으로 옳은 선택이었으므로.

해인사와 '산화'

다솔사에 머무는 동안 김동리는 이후 소설에서 활용할 많은 모티프를 얻을 수 있었지만, 실제로 작품을 쓰지는 못했다. 그리하여 다솔사에서 다시 좀더 깊고 그윽한 큰절을 찾아 들어간 것이 해인사(海印寺)였다. 1935년 6월 그믐께였다.

그해 가을에 해인사 강원이 개설될 예정이었고, 김범부와 김법린이 강사로 부임할 것이라 하여 김동리는 그들보다 먼저 가서 머물며 글을 쓸 작정이었다. 당시 김동리의 큰형 김범부는 동양철학의 대가로서 불교에도 능통한 것으로 정평이 나있었던 만큼 해인사 강원의 강사로 초빙된 것이었다.

처음 얼마간 김동리는 해인사 가까이에 있던 '홍도여관(紅濤旅舘)'에 묵었다. 홍도여관은 해인사 일주문 바로 아래에 있었던 여관이다. 지금은 해인사 주변에 이렇다 할 숙박시설이나 유흥시설이 없지만 1970년대 초 전국적인 사찰정화사업이 실시되기 전에는 헤아릴 수 없이 많은 여관과 식당, 주점들이 들어서 있었다.

홍도여관은 그 중에서도 특히 유명했던 곳이다. 우리나라 최초의 서양화가 나혜석(羅蕙錫, 1896~1948)이 김일엽 스님을 찾아와

| 옛 홍도여관 터. 김동리가 처음 머물렀던 곳. 성철스님 부도탑 앞쪽에 남겨져 있는 공터가 옛날 홍도여관이 있던 곳이다. 1970년대 초 사찰정화사업으로 철거되기 전에는 전국에서 찾아오는 유명 관광객들이 이곳에서 숙박하고 해인사를 방문하였다.

서 머물렀던 곳도 바로 이 무렵의 홍도여관이었다. 지금 성철 스님 부도탑 앞쪽과 자운대율사 사리탑비 뒤쪽에 남겨져 있는 공터가 홍도여관이 있던 자리이다.

그러다가 비용 문제로 토굴 방을 빌려 살았다. 토굴이 란 실제로 흙을 파서 만든 굴이 아니라 결혼해서 절 밖 에 가정을 가진 승려 즉 대처승의 집을 가리키는 말이다. 1935년 당시 해인사와 개별 암자 사이, 계곡과 길 주변에 는 어디나 조그만 마을이 형성되어 있었다. 모두 토굴로 이 루어진 마을이었다. 김동리는 큰절과 영자전(影子殿, 지금의 홍제암) 사이 개울가에 있는 토굴에 하숙을 정했다.

9월에 김범부가 해인사로 왔을 때 김동리는 형에게 참선 에 대한 조언을 구한다. 김범부는 김동리를 백련암의 조실 스님인 용봉선사에게 인사시키고 직접 상의하도록 하였다.

┃ 해인사 홍제암. 사명대사와 영규대사 등 고승 열다섯 명의 영정을 모시고 있는 곳 이다. 이곳 홍제암에서 해인사 큰절로 가는 개울가 어딘가에 김동리가 하숙하던 토굴이 있었다.

그러나 김동리는 2년 전 축구하면서 발목을 다쳐 가부좌를 할 수 없었으므로 거사수행(居士修行)을 받도록 하라는 권유를 받게 된다.

당시 김동리는 민족의 절망적 현실과 개인적 허무주의 앞에서 머리 깎고 참선이라도 하지 않으면 못 견디겠다는 허탈감에 사로잡혀 해인사 주변의 '곰팡내 나는 암자'들을 헤매고 다녔다. 잠시 고향 경주에 다녀오기도 했으나 다시 해인사로 돌아온 후에도 온 가을 내내 혼자서 산중을 배회하고 다녔다.

그러다가 산중의 퇴락한 암자에서 채색이 뭉개진 불화 한 폭을 발견하게 된다. 김동리는 그날 자신이 발견한 곰팡이 핀 불화에서 깊은 충격을 받았다고 한다. 이 충격을 글로 써서 발표한 것이 바로 「솔거」(『조광』, 1937.8)이다.

김동리의 해인사 생활은 1935년 여름부터 『동아일보』에

성철스님이 머물렀던 곳으로 유명한 백련암. 김동리는 백련암의 조실스님이었던 용봉선사를 찾아가 참선에 대한 조언을 구하였다. 그러나 발목 부상으로 가부좌를 할 수 없었기에 거사수행(居士修行)을 하라는 권유를 듣게 된다.

「산화」가 당선될 때까지 약 6개월간이었다. 이 기간 동안 김동리는 예전 다솔사 지역에서 취재했던 숯굴에 대한 내용을 글로 써서『동아일보』에 보냈는데, 그것이 당선작「산화(山火)」이다. 주소는 물론 해인사 강당으로 써서 보냈다.

이로써 김동리는 1934년에 시「백로(白鷺)」로『조선일보』신춘문예 입선, 1935년 단편「화랑의 후예」로『조선중앙일보』신춘문예 당선, 1936년에 단편「산화(山火)」로 동아일보 당선, 즉 3년 만에 3대 민간신문사의 신춘문예를 연거푸 휩쓰는 전무후무한 기록을 남기게 된다.

김동리가「산화」를 써서 다시 등단한 것은 당시 국내 문단의 분위기가 자기 신문사의 당선자가 아니면 원고 청탁을 꺼리는 분위기였기 때문이다. 그래서 이름을 본명 김시종이 아닌 김동리로 바꾸어 신춘문예에 도전했고, 결과적으로는 신춘문예를 실시하는 기관마다 응모해서 하나씩 다 정복해

▎홍류동 계곡. 김동리 등 해인사에 머무르며 글을 쓰던 청년들은 가끔 홍류동까지 내려가서 술을 마시고 오곤 했다.

나가고 싶다는 생각을 떳떳하게 실행에 옮겼던 것이다.

당선 사실을 알게 된 날, 김동리는 해인사에서 함께 글을 쓰던 허민, 이원구, 최인욱 들과 어울려 토굴로 나가 두부를 먹었다. 가끔 홍류동 버스가 떠나는 곳, 고운 최치운의 비석이 있는 곳까지 내려가서 술을 마시고 오기도 했지만, 대체로 주머니가 얇아 두부 정도로 돌아오는 것이 보통이었다.

「산화」는 일제시대 대다수 굶주림에 시달리던 농민들의 풀길 없는 원한을 '산불'과 연결시켜 표현한 작품이다. 산골에서 숯을 구워 팔아 사는 뒷골 사람들의 울분을 산불로 형상화한 것이다.

뒷실이 또는 찬물이라 불리는 한쇠 아비는 위인됨이 찬물처럼 단맛도 쓴맛도 못 느끼는 사람이다. 흉년으로 뒷골 사람들은 너나 할 것 없이 먹고 살기가 힘들다. 그런 중 한쇠 어미는 해산하기 위해 드러누워 있다. 그러나 제대로 먹지도 못하고 소같이 일만 하니 기운이 없어 아이를 낳지 못한다. 한쇠 할매는 그런 며느리를 위해 국거리를 장만하러 나갔다가 윤참봉 네 회갑이라고 싼값에 동네에 나눠준다는 쇠고기를 일원어치 사서 들여온다.

윤참봉은 본래 읍내에서 사령 노릇하던 사람인데, 동네 사람들에게 돈놀이 등을 하여 착실히 부를 일군 위인이다. 그는 병든 소가 죽자, 군청 축산계에서 나와 땅에 묻고 간 것을 다시 파내어 대강 싸게 처분한 것이다. 검으푸레하게 변한 쇠고기에서 썩은내가 진동하는데도 한쇠 할머니는 고음국을 끓여 식구마다 한 그릇

씩 먹게 한다.

결국 온 동네 사람이 썩은 쇠고기를 먹고 다 죽게 되었다. 한쇠 어미는 죽은 아이를 낳고, 한쇠 할매까지 썩은 고깃국을 먹고 식중독에 걸려 앓아 눕는다. 밤이 깊어갈수록 집집마다 죽어가는 사람들의 외침이 산골에 울린다. 그때 숯굴에 불이 붙기 시작했다. 숯굴의 불 보는 사람이 없는데다 바람까지 불어서 절로 불이 났을 거라고 하는 사람도 있고, 혹은 누가 일부러 지른 것이라고 하는 사람도 있다. 홍하산 산불이 나면 난리가 난다는 말이 나돈다. 마을 사람들은 멍멍히 서서 먼 산의 큰 불을 바라보고 있다. 하늘 한쪽을 아주 녹여내리는 듯한 벌건 산불이었다.

– 김동리, 「산화」 줄거리

해인사에서 지내는 동안 김동리는 해인사에서 경영하는 해명학원(海明學園)의 강사로 일했다. 학원에서 아이들을 가르치고 최용, 허민, 최인욱 등과 어울려 소요하는 등으로 그해 가을을 보냈다. 그러나 다솔사에서의 답답함이 해인사에서라고 완전히 해소될 리 만무했다. 해서 참선에 뜻을 두기도 하고 불화를 찾아 암자를 헤매고 다니기도 하였다. 그런 와중에 쓴 것이 「산화」였다.

『조선일보』와 『조선중앙일보』에 이미 당선된 전력이 있는 김동리로서는 전인미답의 소재를 발굴하고 싶다는 욕망이 있었을 것이다. 그때 그가 몰두했던 소재가 바로 숯 굽는 마을 사람들의 이야기였다. 그리하여 김동리는 우리 소설계에 최초로 숯 굽는 사람들을 주인공으로 등장시키는 작가가 되

합천 해인사. 김동리는 이곳 해명학원에서 학생들을 가르치는 한편 「산화」를 집필
하여 동아일보 신춘문예에 당선된다.

었다. 그런 한편 숯막 사람들의 이야기를 단순히 토속적인
시각으로 다루지 않고 숯구이 자체의 자족적인 삶의 방식에
따른 시대적 현실적 플롯을 개척해내는 데 성공한다. 누가
보아도 계급주의적 주제의식을 강하게 띠고 있는 이 작품이
김동리의 초기 문학세계에서 갖는 의의는 바로 이러한 차별
성에 있다.

원전 광명학원, '바위'와 '혼구'의 공간

「산화」로 다시 등단한 김동리는 1936년 이른 봄에 잠시 상경하여 서울 종로구 연건동에 하숙을 정하고 「바위」(『중앙』, 1936.5)와 「무녀도」(『신동아, 1936.5)를 집필하였다. 두 작품은 고향 경주와 다솔사 시절의 체험에서 얻은 소재를 살려서 쓴 것들이다.

다솔사 시절부터 김동리는 문둥이 이야기를 쓰려고 무진 애를 쓰고 있었다. 다솔사에서 십리 남짓 되는 원전다리 일대에 살고 있던 문둥이들에 대한 이야기였다. 그러나 플롯이 짜이지 않아서 몇 번이나 손을 대다 말곤 했다.

당시 원전다리 밑에는 항시 문둥이가 여나문 명 거적을 두르고 살고 있었다. '문둥이가 애 잡아먹는다'는 말이 횡행하던 때였다.

처음 문둥이의 삶을 접했을 때 김동리는 그들의 삶에서 형언할 수 없는 애환 같은 것을 느꼈다. 문둥이의 비참한 삶 속에도 인간이 품을 수 있는 절실한 염원과 삶에 대한 희망이 있다는 것을 보았던 것이다.

읍내에서 가까운 다리 밑에는 병신과 거지와 문둥이들이 모여 산다. 그 중에 술이(述伊)라는 아들을 둔 '아주머이'가 함께 살고 있다. 술이는 나이 삼십이 가깝도록 장가도 들지 못했으나 일백 몇십 원이란 돈이 저축되어 있어 이백 원이 차면 장가를 들리라 하고 있었다. 그러나 흉악한 병마가 어미에게 뻗치면서 그의 저축은 약값으로 탕진되고 만다. 술이는 환장한 사람이 되어 버렸

다. 어미의 토막에다 불을 놓으려 들다가는 금년 이른 봄 표연히
어디로 떠나버렸다. 아들을 잃은 영감은 술에 취해 아내를 뚜드
렸다. 영감이 어느 날 비상 섞인 찰떡 한 뭉치를 갖다 주었다. 술
이 어미는 그 떡을 먹었지만 쉽사리 죽지도 못하고 토막 속에 벌
건 떡만 수두룩이 토해놓고 집을 떠나왔다.

술이 어미는 이 다리를 떠나기 싫었다. 다리에서 장터로 들어
가는 마을 어귀에 커다란 복바위가 있기 때문이다. 주먹만한 돌
멩이를 쥐고 바윗등을 갈다가 손의 돌이 바윗등에 붙으면 소원이
성취된다는 영험한 바위였다. 술이 어미가 복바위를 갈기 시작한
지 한 보름 지난 뒤, 그렇게 그리워하던 아들과 만나게 되었다.
술이는 돈을 벌어서 다시 오겠다 약속하고 주머니에서 돈 '석 냥
반'을 털어 어미의 손에 잡혀주며 '한 사날' 뒤에 다시 찾아오기로
하고 헤어졌다.

그러나 한 달이 지나도 술이는 나타나지 않았다. 술이 어미는
사람 눈을 피해 낮에 바위를 갈다가 들켜서 새끼줄에 묶여 개같
이 끌려 다녔다. 그 후 우연히 장터 묵전에서 술이가 '여섯 달 받
았다'는 이야기를 듣게 된다. 그날 술이 어미의 토막에 불이 났
다. 그는 나무토막처럼 바위 위에 쓰러졌다.

이튿날 마을 사람들이 바위를 안고 죽은 술이 어미를 발견하고는
침을 뱉었다. 술이 어미의 얼굴엔 눈물이 번질번질 말라 있었다.

– 김동리, 「바위」 줄거리

이 작품의 주인공 '아주머이'는 아들 술이를 만나려는 염원
으로 복바위를 갈다가 죽어가는 모성의 표상이다. 김동리의

▎ 워전다리. 이 다리 아래에서 문둥이들이 모여 살았다. 김동리는 이곳에서 취재한 문둥이 이야기를 바탕으로 「바위」을 집필하였다.

▎ 원전삼거리. 이곳에서 진주, 하동, 곤양 가는 길이 세 갈래로 갈라진다. 김동리가 근무했던 광명학원은 길 왼편 마을 뒤쪽의 언덕 위에 있었다.

의도는 분명하다. 비록 문둥병에는 걸렸어도 모성은 변함없는 여인의 모습을 표현하려 한 것이다.

문둥병에 걸렸지만 끝까지 삶을 포기하지 않는 어머니의 모습에서 우리는 신성한 생명의 의지를 발견하게 된다. 비상 넣은 떡을 주는 남편의 마음을 누구보다 잘 알기에 먹으면 죽을 줄 알면서도 떡을 받아먹는 마음, 그리고 그 떡을 받아먹고도 쉬 죽지 못하고 토해내 버리는 마음, 아들을 만나겠다는 일념으로 다리를 떠나지 못하는 마음, 이 모든 것이 결국은 생명에의 의지를 말하기 위해 들려주는 이야기적 장치이다.

무엇이 이토록 문둥이 어미를 강하게 만들었을까. 인간 본연의 생명에 대한 애착과 아들에 대한 사랑은 거역 못할 생명의 힘으로 맺어진 인연이기에 그 무엇으로도 끊어낼 수가 없다. 작가는 이 세상에서 가장 처참하게 소외된 인간군상에게서 오히려 진정한 인간만이 품을 수 있는 절실한 삶의 희망과 염원을 발견하고 있는 것이다.

서울에서 지내는 동안 김동리는 이 작품을 탈고하고, 서정주, 김달진 등 '시인부락' 사람들과 어울려 지내다가 경주를 거쳐 다솔사로 다시 돌아오게 된다. 1936년 겨울을 다솔사에서 보낸 그는 이듬해 봄부터 원전 생활을 시작하게 된다. 바야흐로 광명학원(光明學園) 시절이 시작된 것이다.

이렇게 보면 작가 김동리와 곤명면의 인연은 의외로 깊고 질기다. 20대 초반부터 무려 11년간 작품을 쓰며 머무른 곳이 바로 다솔사와 원전마을이었으니 말이다.

김동리가 다솔사를 기점으로 작가로 입신하고 자신만의 작품세계를 구축해나가는 동안 다솔사에서는 전에 경내에서 운영하던 '광명학원'을 원전마을로 옮겨 열기로 하였다. 진주, 하동, 곤양 가는 길을 끼고 앉은 삼거리 뒷산에 광명학원이 세워졌는데, 빨간 지붕에 흰 벽으로 된 양옥 건물이었다. 운동장도 있었다. 몇 해 전에 다솔사에서 포교당으로 지은 건물인데 여러 사정으로 활용할 수 없게 되자 사설 학습강습소라는 허가 아래 광명학원을 내기로 한 것이다. 1937년의 일이다.

원장은 다솔사 주지 효당 최범술이었고 김동리는 이곳의 강사로 임용되었다. 해인사 해명학원에서 이미 학생들을 가르친 경험이 있었으므로 훌륭한 교사기 될 수 있있다. 여러 사정으로 학령을 놓치거나 가난으로 초등학교에 가지 못한 동네 젊은이와 어린이들에게 한글과 산수와 일본말을 가르쳤다.

처음에는 다솔사에서 출퇴근하였으나 곧 교사 안에 딸린 거처로 옮겨 살게 되었다. 교사의 한쪽은 마루로 된 교실이고 한쪽은 온돌방이었는데 온돌방을 김동리의 거처 겸 공부방으로 썼다. 식사는 동네에 내려가서 했다.

낮에는 주로 어린이들, 밤에는 스무 살 안팎의 동네 머슴들과 처녀들이, 낮과 밤 합해서 학생이 백 명이 넘게 되었다.

성과는 빠르고 컸다. 두어 해 되는 사이에 동네 안의 모든 남녀 젊은이들이 편지를 쓰고 아라비아 숫자로 가감승제를 척척 해낸다고 놀라워들 했다. 여기다, 나는 보름날 밤마다 '모자회(母子會)'란 것을 가지기로 했다. 아이들이 단에 올라가서 노래를 부르고, 연설을 하고, 연극을 하는 일종의 학예회였다.

— 김동리, 「광명학원 교사 시절」, 『나를 찾아서』, 민음사, 1997.

학원 수업뿐 아니라 정기적인 학예회도 성황리에 운영되었다. 특히 학예회는 곤명면의 잔칫날이었다. 게다가 성인들을 위한 상식강좌도 벌였으므로 인근 지역에서 평판이 매우 좋았다. 시간 나는 대로 아이들에게 '반달'이나 '뻐꾹새' 같은 동요도 가르쳐 주었다. 일제시대 우리말조차 제대로 가르칠 수 없던 당시 상황에서 김동리는 마을사람들에게 민족의식을 심어주기 위해 나름대로 사명감을 갖고 열심히 노력하였다.

당시 광명학원 운동장이 있던 자리에는 이제 철로가 들어섰다. 학원 건물도 사라진지 오래다. 광명학원 학생이었던 최정열 옹(79, 사천시 곤명면 초량리 67)의 증언에 따르면 김동리는 운동회 때 달리기를 아주 잘했고 자체적인 운동회가도 만들어 부르도록 했다고 한다.

주중에는 원전 광명학원에서 강사 생활을 하고 주말이면 다솔사로 김범부의 가족을 만나러 갔다. 이때는 이미 경주에 있던 어머니를 비롯한 범부의 가족이 모두 다솔사 근처로 옮겨온 뒤였다. 김범부의 가족은 다솔사 동구 밑인 용산리 43번지에 새로 집을 짓고 함께 기거했다.

| 광명학원 운동장 터. 당시 광명학원 학생이었던 최정열 옹이 광명학원 자리를 찾아주었다. 운동장 자리에는 철로가 놓였고 학원 건물은 왼쪽 언덕 위에 있었는데 지금은 사라지고 없다.

광명학원 터. 건너편 언덕 위 평평한 곳이 바로 광명학원이 있었던 곳이다.

김범부의 집터. 곤명면 용산리 43번지에 집을 지어 가족이 함께 살았다. 다솔사 입구 만남의 광장 맞은편 편백나무 뒤쪽에서 옛날의 집터 흔적을 어렴풋이 찾아볼 수 있다.

광명학원 교사로 일하기 시작한 1937년 김동리의 삶에는 큰 변화가 생겼다. 진주사범(현 일신여고) 출신의 첫 부인 김월계를 만나게 된 것이다. 두 사람은 광명학원이 개원한 1937년 3월경부터 만나기 시작하여 1938년 3월 25일 진주 옥봉성당 원전공소(현 봉계공소)에서 혼배성사를 올렸다. 김동리가 24세, 김월계는 20세였다.

천주교 신자인 신부를 위해 김동리가 새로 영세를 받고 혼배성사를 올렸다. 이런 내용은 후일 발표한 소설 「인간동의」(『문예』, 1950.5)에서 꽤 상세하게 묘사되어 있다. 그는 이때 '천주교 식으로 영세를 받고 혼배성사를 한 것이 결혼을 위한 하나의 절차' 같은 것으로 가볍게 생각하고 있었다.

이들이 결혼식을 올린 원전공소는 현 봉계공소 담벼락에 바로 붙어 있는 함석집이다. 신혼집은 원전공소에서 한두 채 위쪽에 있었다.

▌현 봉계공소. 현 봉계공소 담 뒤에 붙어있는 붉은 색 건물이 바로 구 원전공소 건물이다. 지금은 일반 주택에 붙은 창고로 사용되고 있다.

원전공소에서 혼배성사를 올린 두 사람은 다시 광명학원에서 가족과 친지들을 모시고 결혼식을 올렸다. 주례는 만해 한용운이 맡아 해 주었다.

신혼초에는 부인 김월계가 함양의 국민학교 교사로 1년간 일하였으므로 주말부부로 지냈다. 그러다 첫아들인 진홍을 낳으면서 교사직을 그만두고 광명학원에서 김동리와 함께 아이들을 가르치게 되었다.

그러나 광명학원 시절은 그리 오래가지 못했다. 학원에서 일본 국가(기미가요)를 가르치지 않는다는 이유로 강습소가 폐쇄될 위기에 처하게 되었기 때문이다. 게다가 파출소에서 직접 모자회 프로그램까지 간섭하기 시작했다. 국민의례 안에 기미가요를 포함시키는 것은 물론이고 군가(軍歌)도 넣어야 한다는 압력이 들어왔다.

전 순경은 혼잣말처럼, "기미가요는 국민의례 안에 포함돼 있을 게고…"

그러나 일본인 소장이 말했다.

"군가(軍歌)가 빠졌잖아."

"동요 속에 들어있겠죠? 그렇죠?"

전 순경은 나에게 눈짓을 하며 물었다. 그렇다고 얼른 대답하라는 눈치였다.

그러나 일본인 소장이 나보다 먼저, "군가는 따로 넣어야 해." 하고 명령조로 말했다.

    – 김동리, 「광명학원 교사 시절」, 『나를 찾아서』, 민음사, 1997.

이렇게 파출소에서 참견을 받기 시작한 해가 1939년이었
다. 김동리는 이 해에 「황토기」, 「찔레꽃」, 「두꺼비」, 「회계
(會計)」, 「완미설(玩味說)」을 발표했다.

일제의 검열과 탄압이 갈수록 강화되고 있었다. 다솔사에
머물렀던 김범부를 위시하여 김동리도 요시찰인물에 올라
수시로 가택수색을 당하였다. 일경은 툭하면 김범부를 잡아
가곤 했다.

그리고 도에서 일본인 교육 직원이 내려와 광명학원의 실
태를 조사하였다. 일본인 교육 직원은 광명학원을 간이학교
로 승격시키겠다고 하였다. 그러나 여기서 '승격'이란 사실
상 김동리를 광명학원에서 내쫓고, 광명학원 학생들은 곤명
국민학교 부설 간이학교로 편입시킨다는 말이었다.

광명학원은 5년 만에 폐쇄되고 말았다. 김동리 혼자 강사요
직원이요 수위이던 광명학원은 1937년 4월에 개강하여 1941
년 6월 폐쇄되었다. 김동리의 나이 스물아홉 살 때였다.

광명학원뿐 아니라 소설도 계속 일본 총독부 검열에 걸렸
다. 『문장』의 「하현」이 검열에 걸렸고, 『인문평론』지의 「소녀」
는 아예 전문이 삭제되었다. 『조광』지의 「두꺼비」는 원고마
저 돌아오지 않았다. 그리고 끝내 한글을 쓰는 신문과 잡지
가 모두 폐간되고 말았다. 김동리는 절망과 분노를 안은 채
절필(絶筆)하고 해방 때까지 침묵을 지켰다.

원전마을을 뒤덮은 암울한 분위기는 「혼구(昏衢)」(『인문평
론』, 1940.2)에서 어렴풋이 감지된다.

노인이란 별명을 가진 강정우(姜政佑)는 시골 초등학교에서 교사로 7년째 일하고 있다. 줄담배를 피워대는 그의 버릇이 담배쟁이라는 별명까지 더해주었다. 한마디로 하루하루 단조롭고 무의미하게 살아가고 있다.

그러던 어느 날 학숙의 아버지 송또쟁이를 만난다. 송또쟁이는 정우에게 자기 딸인 5학년 송학숙이 학교를 다니기 싫어하니 퇴학시키겠다고 한다. 사실은 아버지가 학교에 보내주지 않으려는 것이다. 송또쟁이는 공사판에서 손을 다친 뒤 첫딸을 부잣집 첩으로 들여보내고 그 대가로 사위에게 돈을 타서 생계를 유지하는 인간이다. 그런데 이번에는 둘째 딸 학숙마저 그런 식으로 팔아넘기려 하는 것이다.

그러나 학숙은 아버지의 뜻을 거역하고 담임인 정우에게 도움을 청한다. 무력하기만 한 정우는 학숙을 구해주어야겠다고 생각은 하면서도 결국 아무 손도 쓰지 못한다.

– 김동리, 「혼구」 줄거리

제목이 암시하듯 시종 우울하게 전개되는 이 작품의 스토리는 주인공의 혼미한 인식을 혼구(昏衢), 즉 어두운 거리에 빗대어 드러내고 있다. 즉 학숙이 인신매매처럼 팔려가는 이야기 자체보다 그러한 사태에 대응하는 정우의 무기력한 모습, 그리고 뭔가 행동으로 옮기고는 싶지만 워낙 안일한 습성에 빠져 실행하지 못하는 데서 오는 심적 갈등이 더욱 부각되고 있는 것이다. 작가가 광명학원에서 5년간 학생들을 가르치면서 한번은 겪어보았음직한 무기력함이 느껴지는 이야기이다.

원전마을의 모습과 유사한 공간 묘사도 1940년대 일제의 탄압이 최고조에 달한 시골마을 분위기를 잘 묘사해 주고 있다. 나아가 암울한 시대적 분위기를 암시하고 있다.

바람이 불고 달이 훤한 밤이었다. 자기는 군데군데 빗물이 고인 동네 안 골목을 철버덕거리며 걸어가고 있었다. 문득 자기는 뒤에서 누가 무서운 매를 들고 자기를 쫓아옴을 깨달았다. 자기는 힘껏 걸음을 재게 놀렸으나 뒤로부터 쫓아오는 무서운 매는 미구에 곧 자기의 뒤통수를 찌를 것만 같았다. 골목을 돌아 큰 회나무 밑을 지나려니까 거기서 무서운 사내는 자기의 앞을 가로막고 섰다. 순간 자기는 그 앞에 쓰러져버렸다.

－김동리, 「혼구」 본문 중에서

회나무가 있는 원전파출소 앞길의 풍경이 어두운 꿈속 풍경으로 묘사되고 있다. 길이라야 뻔한 시골의 마을길인데도 불구하고 이렇듯 어지럽고 혼란스럽게 묘사될 수 있다는 사실이 이 소설 집필 당시 작가의 암울한 심적 상태를 잘 반영해서 보여준다.

사실 광명학원이 폐쇄되고 문예잡지가 폐간된 후 김동리의 생활은 「혼구」의 주인공 정우처럼 매일 술과 담배에 쩔어 사는, 그동안 자신이 백안시하던 동네 망나니들과 별 다르지 않은 것이었다. 동네 망나니들과 어울려 색주가, 유행가, 화투, 장기 따위에 휩쓸려 지낸 세월이었다. 게다가 이

기간 김동리는 첫아들 진홍을 갑작스런 경기로 잃게 된다. 한마디로 혼란과 방황, 슬픔과 좌절로 점철된 시기였다.

그러나 이런 세월도 그리 오래 가지는 못했다. 왜냐하면 광명학원이 폐쇄되고 아들을 잃은 지 보름쯤 지났을 때 원전 마을에서 마흔 살 미만인 무직자를 대상으로 하는 강제징용 영장이 나왔기 때문이다. 광명학원 시절이 막을 내리는 순간이었다.

하동, '당고개 무당'과 '역마'의 공간

파출소에서 김동리를 겨냥한 강제징용장이 나왔다는 사실을 알게 된 후, 김동리는 일본 경찰을 피해 하동 쌍계사 근처에 있는 문학청년 김종택을 찾아가게 된다. 김종택은 서울 경동중학교 출신으로 다솔사 시절에 만난 사람인데, 그의 집이 하동 쌍계사 근처에서 양조장을 운영하고 있었다. 김동리가 강제징용을 피해 쌍계사로 찾아가자 김종택은 양조장 뒤 살림집 서재를 김동리에게 내어주었다.

하동 쌍계사. 김동리는 광명학원이 폐쇄된 후 일제의 강제징용을 피해 쌍계사 근처에 있는 김종택의 집에서 6개월 동안 지내게 된다.

두 사람은 하동 쌍계사 계곡에서 자매 기생을 불러놓고 함께 술을 마시곤 했다. 노산 이은상이 내려와 함께 어울리기도 했다. 이때 어울렸던 자매 기생의 이야기를 모티프로 삼은 소설이 「당고개 무당」(1958)이다.

취운사로 올라가는 황토고개 옆 서낭당 곁에 당고개 무당이 살았다. 당고개 무당은 굿도 잘하고 목소리도 좋았지만 마을사람들에게 그리 좋은 대우를 받지는 못했다. 무당에게는 딸이 둘 있는데, 큰딸은 보름, 작은 딸은 반달이라 불렀다.

당고개 무당은 딸 둘을 다 읍내에 있는 기생집으로 보냈다. 기생 공부를 보냈던 작은 딸 반달이 열일곱 되던 해에 먼저 돌아왔다. 얼마 뒤에는 읍내에서 살림을 한다던 큰딸이 돌아왔다. 그와 동시에 당고개 무당네 집에는 술꾼들이 득실거리기 시작했다.

얼마 뒤 세 모녀는 당고개 마루에서 다릿목 술집으로 이사를 했다. 본디 당고개네 무당집은 돈 주고도 살 사람 없는 도깨비굴이었으나 다릿목 술집은 읍내에서도 돈푼이나 있는 사람이 팔려고 내 놓은 큰 술집이었다.

얼마 후 큰딸은 취운사 주지가, 작은 딸은 읍내의 이 참봉네 둘째 아들이 뒤를 봐 주고 있다는 사실이 알려지게 된다. 두 딸은 당고개네에게 더 이상 무당노릇을 하지 못하도록 한다. 무당 딸은 기생 축에 끼기도 어려울뿐더러 지금 자신들을 찾아주는 점잖은 손님들이 걸음을 끊을까 염려해서였다.

그러나 당고개네는 한해에 몇 차례 씩 신이 내릴 때가 되면 견딜 수가 없었다. 그 무렵이 되면 두 딸은 당고개네를 방에 가두고 지켰다. 게다가 당고개네가 취운사에 간다며 나가서 당집에서 지내곤 하는 것을 알고 서낭당 곁 집까지 헐어버렸다. 결국 집이 헐리던 그 해 가을 추석 무렵 당고개네는 높은 다리 위에서 떨어져 죽고 만다.

-김동리, 「당고개 무당」줄거리

화개장터. 김동리의 소설 『역마』의 주무대이며 옥화의 주막이 있었던 곳. "옥화네 집은 술맛이 유달리 좋고, 값이 싸고, 이름이 들난 주막이었다."

「당고개 무당」은 강신무 당고개네와 자매 기생 보름이와 반달이의 갈등과 대립을 중심 스토리로 하여 전개되는 작품이다. 김동리는 쌍계사 주변의 아름다운 경치에서 넘쳐나는 신기(神氣)를 느꼈던 듯하다. 그리하여 한 개인이 피할 수 없는 운명적 굴레를 표현하는 대표작 「당고개 무당」 이야기를 지어내게 된다.

당고개 무당은 평범한 사람들의 세계에는 속할 수 없는 인물이다. 한편 그녀의 딸들은 무당 딸이라는 신분의 벽을 넘어서기 위해 안간힘을 쓰는 인물들이다. 이들의 대립은 비록 모녀지간이지만 무당과 기생이라는 두 계급의 대립이기도 하다. 또 이들의 대립은 죽음으로도 극복하기 힘든 것이다. 당고개 무당의 신내림은 곧 인간의 힘으로 어찌할 수 없는 운명이자 숙명이기에 아무리 막으려 해도 막을 수가 없는 것이다.

이러한 샤머니즘적 운명론은 화개장터를 무대로 쓴 「역마(驛馬)」(1948)에서도 유사하게 나타난다. 김동리는 「역마」에서 화개장터를 무대로 당사주의 역마살을 현대의 공간으로 끌어왔다.

'화개장터'의 냇물은 길과 함께 세 갈래로 나 있었다. 한 줄기는 전라도 땅 구례(求禮) 쪽에서 오고, 한 줄기는 경상도 쪽 화개협(花開峽)에서 흘러내려, 여기서 합쳐서, 푸른 산과 검은 고목 그림자를 거꾸로 비친 채, 호수같이 조용히 돌아, 경상 전라 양도의 경계를 그어주며 다시 남으로 남으로 흘러내리는 것이, 섬진강(蟾津江) 본류(本流)였다.

하동(河東), 구례, 쌍계사(雙磎寺)의 세 갈래 길목이라, 오고 가는 나그네로 하여 '화개장터'엔 장날이 아니라도 언제나 흥성거리는 날이 많았다.

-김동리, 「역마」 본문 중에서

제목의 '역마'란 당사주(唐四柱)에서 얘기하는 역마살을 뜻한다.

이 작품의 주인공 성기(性騏)는 화개장터에서 주막을 하는 어머니 옥화(玉花)가 떠돌이 중과 눈이 맞아 낳은 자식이다. 옥화 역시 성기 외할머니가 떠돌이 남사당을 보아 낳은 딸이다. 성기 역시 집안 내력을 피해갈 수 없는지 세 살 되던 해에 보인 그의 사주에 역마살이 끼어 있다는 말을 듣게 된다.

성기에게 역마살이 든 것이 어머니가 중 서방을 둔 탓이고, 어머니가 중 서방을 둔 것이 할머니가 남사당에게 반했던 탓이라면, 결국 성기의 역마운의 장본인은 할머니였다. 이에 할머니와 어머니는 성기에게서 역마살을 없애보려고 온갖 노력을 다 기울인다. 성기를 쌍계사로 보낸 것도 살을 떼내보려는 노력의 일환이었다.

어느 날 나이 예순도 훨씬 넘어 보이는 체장수 영감이 나이 열대여섯 살쯤 되어 보이는, 몸매가 호리호리한 딸 계연(契妍)을 데리고 나타난다. 그는 서른여섯 해 전 이곳 장터에서 하룻밤 논 일이 있다고 했다. 체장수는 계연을 맡겨놓고 화갯골로 잠시 다녀오겠다며 떠났다.

화개장날 책전을 펴기 위해 마을로 내려온 성기는 계연을 보는 순간 가슴이 찌르르하며 눈에 생기가 돌았다. 성기는 계연과 칠불암 등을 오가며 가까워진다. 그러던 어느 날 옥화는 계연의 머리를 빗어주다가 왼쪽 귓바퀴 위의 사마귀를 발견하고 깜짝 놀란다. 계연은 바로 옥화의 배다른 동생이었던 것이다. 체장수 영감은 서른여섯 해 전 남사당을 꾸며와 이 화개장터에서 하룻밤을 놀다 간 옥화의 아버지였다.

결국 체장수는 계연을 데리고 여수로 떠나고, 성기는 계연을 떠나보낸 후 한 달포나 넘도록 앓아눕는다. 이른 여름의 어느 장날 아침, 성기는 옥화에게 엿판을 하나 맞춰달라 한다. 그리고 보름 후 성기는 엿판을 걸고 하동 쪽으로 길을 떠난다.

화개장터. 김동리의 소설 「역마」의 줄거리가 순서대로 그림과 함께 보기좋게 전시
되어 있다.

「역마」는 김동리 특유의 다양한 상징과 암시가 충만한 소
설이다. 소설에서도 여러번 설명되었듯이 화개장터는 경상
도와 전라도 등 여러 곳에서 온 사람들이 모이고 흩어지는
장소이다. 이 길을 통해서 사람들이 만나고 헤어지는 인연
이 형성된다. 김동리는 이러한 점에 착안하여 화개장터 주
막을 찾은 체장수와 옥화의 인연을 이야기한다.

이 넓디넓은 세상에서 화개장터처럼 세 줄기 강이 만나고
세 줄기 길이 만나 나뉘는 곳이 어디 흔하겠는가. 옥화와 체
장수, 성기와 계연의 이야기는 이처럼 특별한 지형을 지닌
화개장터이니만큼 가능한 이야기일 것이다.

소설 말미에서 네 사람은 결국 뿔뿔이 흩어지게 된다. 옥
화는 화개에 남았지만, 체장수와 계연은 여수로 떠났고, 성
기는 나무엿판 하나 달랑 맞춰서 걸빵해서 메고는 하동 쪽으
로 떠나갔다.

그의 발 앞에는, 물과 함께 갈려 길도 세 갈래로 나 있었으나, 화갯골 쪽엔 처음부터 등을 지고 있었고, 동남으로 난 길은 하동, 서남으로 난 길이·구례, 작년 이맘때도 지나 그녀가 울음 섞인 하직을 남기고 체장수 영감과 함께 넘어간 산모퉁이 고갯길은 퍼붓는 햇빛 속에 지금도 환히 장터 위를 굽이돌아 구례 쪽을 향했으나, 성기는 한참 뒤, 몸을 돌렸다. 그리하여 그의 발은 구례 쪽을 등지고 하동 쪽을 향해 천천히 옮겨졌다.

– 김동리, 「역마」 본문 중에서

성기는 체장수와 계연이 떠난 구례 쪽도 버리고, 옥화가 있는 화갯골 쪽도 버리고, 아무도 가지 않은 하동 쪽을 향하여 언제 돌아올지 모르는 먼 길을 떠난다. 그 할머니와 어머니가 떼내버리려고 안간힘을 썼던 역마살을 끝끝내 떨쳐낼 수 없었던 것이다.

쌍계사와 화갯골이 그 타고난 풍광을 숨길 수 없듯이, 한 인간이 타고난 운명의 굴레 역시 억지로 벗어버릴 수 없는 모양이다. 그럴 바에야 「역마」의 성기처럼 엿판이나 느직하게 걸빵해서 육자배기나 흥얼거리며 운명의 길을 가는 편이 더 낫겠다는 생각, 그것이 이 소설에서 김동리가 이야기하고자 하는 바가 아닐까.

화개장터에서 쌍계사 길까지 이어지는 십리벚꽃길은 해마다 많은 사람이 찾아드는 관광지이다. 산과 길과 계곡이 무엇 하나 처짐없이 아름답다. 강제징용을 피해 숨어들어온 곳이었지만 숨이 막히게 아름다운 이 길을 걸으며, 20대 후반의 청년 작가 김동리는 피할 수 없는 인간의 운명에 대해 생각하였다. 운명의 길을 벗어날 수 없었던, 그래서 그 길을 죽음으로, 혹은 길 떠남으로 묵묵히 따랐던 주인공들의 모습이 화갯골의 수려한 풍광과 겹쳐 그림처럼 펼쳐진다.

김동리는 쌍계사 근처에서 6개월 정도 지내다가 1943년 읍소재지인 사천읍으로 거처를 옮긴다. 조카 김지홍의 주선으로 사천읍에 있는 양곡조합에 촉탁으로 취직하게 되었으므로 강제징용은 피할 수 있었다. 일제의 최후 발악이 계속되던 때였다.

이 힘든 세월을 지나 드디어 광복의 그날은 왔다. 해방과 동시에 김동리는 사천시 청년회를 결성하고 회장에 피선되었다. 그해 10월 사천 인민위원회 결성에 반대하였고 좌익 청년들에게 테러를 당하기도 하였다.

1945년 12월 하순 김동리는 서울로 올라갔다. 1946년 3월에는 온 가족이 함께 서울로 이사하였다. 일제의 그늘에 절필까지 하였던 사천 생활을 정리하는 순간이었다. 김동리가 사천에 머문 시기는 1935년부터 1946년까지 그의 인생에서 가장 빛나고 고통스러웠던 청년기의 11년이었다.

김동리(金東里, 1913~1995)

　본명은 김시종(金始鍾)이다. 1913년 11월 24일 경북 경주 태생. 경주 제일교회 부속 계남학교 졸업 후 1926년 대구 계성학교에 입학하였다가 1928년 서울 경신학교 3학년에 편입하였으나 이듬해 중퇴하였다. 1934년 『조선일보』 신춘문예에 시 「백로(白鷺)」가 입선하였고, 1935년 『중앙일보』 신춘문예에 「화랑의 후예」가, 이듬해 『동아일보』 신춘문예에 「산화」가 거듭 당선되었다. 그 후 「바위」(1936), 「무녀도」(1936), 「황토기」(1939) 등의 문제작들을 발표함으로써 문단의 주목을 받기 시작했다. 일제 말기에 잠시 활동을 중단했다가 광복과 더불어 집필활동을 재개하여 「역마」(1948), 「등신불」(1961), 「늪」(1964), 「까치소리」(1966), 「저승새」(1977) 등과 장편 「사반의 십자가」(1955~1957), 「을화」(1978) 등을 발표하였다. 김동리의 문학세계에서 가장 뚜렷한 흐름을 이루고 있는 것은, 한국인의 토착적인 삶과 정신에 대한 깊이 있는 탐구와, 인간에게 주어진 운명의 궁극적인 모습을 이해하려는 끈질긴 노력이라 할 수 있다.

　소설집으로 『무녀도(巫女圖)』(1947), 『역마(驛馬)』(1948), 『황토기(黃土記)』(1949), 『귀환장정(歸還壯丁)』(1951), 『실존무(實存舞)』(1955), 『사반의 십자가』(1958), 『등신불(等身佛)』(1963), 평론집 『문학과 인간』(1948) 등이 있다. 예술원상 및 3·1문화상 등을 받았다. 1990년 뇌졸중으로 쓰러진 후 1995년 6월 17일 사망하였다.

결핵문학의 고향, 마산

나도향, 마산에서 부친 '피 묻은 편지 몇 쪽'
상남동 199번지와 임화
지하련, 산호리에서 쓴 '체향초'

일찍이 마산(馬山)은 술과 장(醬)으로 이름난 곳이었다. 오래 전부터 주류회사와 장류회사의 광고 문안으로 '물 좋은 마산의 ○○소주' 혹은 '물 좋은 마산의 ○○간장'이라는 말이 자연스럽게 오르내렸을 정도로, 마산은 국내 굴지의 주류 및 장류 생산지로 유명한 곳이다. 또 마산은 정치적으로 한국현대사에서 중요한 사건이 많이 일어난 곳이다. 1960년 이승만 정부의 부정선거를 규탄하여 일어난 3·15의거와 1979년 박정희 정부의 유신독재에 반대하여 궐기한 부마민주항쟁이 모두 이곳 마산에서 시작되었다. 이 외에도 마산은 이전에 수출자유지역이라 불리던 마산자유무역지역과 섬유산업의 도시로도 잘 알려져 있다.

그런데 이런 것들보다 마산을 더 유명하게 만드는 것이 있다. 바로 마산을 거쳐 간 숱한 문인 예술가들의 존재가 그것이다. 마산 사람들은 자기 고향을 '예향(藝鄕)'이라 부르는 데 주저함이 없다. 그것은 마산 출신의 조각가 문신(文信, 1923~1995), 시조시인 이은상(李殷相, 1903~1982), 시인 권환(權煥, 1903~1954), 천상병(千祥炳, 1930~1993) 등과 더불어 단기간 마산을 거쳐 간 문인들이 유난히 많기 때문이다. 나도향·임화·지하련·이영도·구상·김지하·김상옥·김남조·김춘수 등 마산에서 한때를 보낸 문인들의 이름만 나열해도 오랜 기간 마산이 예술가들의 기착지 역할을 해왔다는 사실을 확인할 수 있다. 뿐만 아니라 이은상이 작시한 가곡 「가고파」의 '내 고향 남쪽 바다'가 마산 앞바다를 가리킨다는 사실을 모르는 사람은 아마 없을 것이다. 지금은 통합창원시의 일부가 되었지만, 마산은 개항기 이후 숱한 문인 예술가들이 노래한 마음의 고향으로 자리잡아온 곳이다.

마산을 거쳐 간 문인이 많은 것은 일제 강점기와 한국전쟁기를 거치면서 수많은 문인이 피난차 혹은 요양차 들른 곳이기 때문이다. 먼저 마산은 한국전쟁 때 전란을 당하지 않은 몇 안 되는 안전지역 중 한 곳이었다. 마산으로 몰린 피란민들 중에 문화예술인들이 많았을 것은 두말할 필요가 없는 일이다. 또 한 가지 큰 이유는 마산이 결핵 치료 최적의 요양지였다는 데 있다.

대표적인 후진국형 질병인 결핵이 식민지 조선과 전쟁 전후의 한반도를 비켜갈 리 없었다. 변변한 치료약조차 없던 그 시절, 폐결핵에는 맑은 공기가 최고의 약이었다. 마산은 산과 바다가 만나 고른 습도를 유지하는 천혜의 지형, 연중

| 가포에 있는 국립마산병원. 1941년 조선총독부 직영 군인요양소를 1946년 국립마산결핵요양소로 개설하여 결핵 전문 치료 기관으로 운영해왔다.

기온차가 적은 따뜻한 날씨, 산소 공급이 풍부한 산림 등 입지조건이 결핵 치료에 필요한 자연적 요건을 고루 갖춘 곳이었다. 따라서 일제시대 이후 마산은 전국적으로 유명한 결핵 요양의 메카로 떠오르게 된다.

일제 때의 총독부 산하 상이군인요양소를 시작으로 도립마산병원, 국립마산요양소, 마산교통요양원 등, 결핵을 전문으로 보는 종합병원부터 개인병원까지 결핵 환자를 위한 치료시설도 전국 최고 수준이었다. 반야월 작사 「산장의 여인」이라는 대중가요로 유명한 마산합포구 가포동의 국립마산병원 역시 국립마산결핵요양소, 국립마산결핵병원 등 이름을 바꿔가며 한국 결핵 치료의 중심시설로 자리 잡아온 곳이다.

일제시대에는 나도향·임화·지하련이 이곳 마산을 찾아 요양했고, 광복기에는 권환·이영도·구상이 마산에서 치료를 받았다. 이후 한국전쟁기에는 마산결핵병원에서 치료받던

국립마산병원 맞은편 산길로 올라가면 옛 요양소의 산장 잔해가 여기저기 남아 있다.

| 국립마산병원 맞은편 산길에 있는 월영성당 가포공소의 성모마리아상.

문인들이 중심이 되어 발간한 등사판 잡지『요우(療友)』와 시나토리움(sanitarium, 요양소) 동인지『청포도』까지 나왔다. 김지하(金芝河, 1941~)도 결핵치료를 위해 마산을 찾은 문인 중 한 명이다.

이쯤 되면 결핵문학과 관련해서 가장 중요한 공간이 마산이라는 사실에 이견의 여지가 없을 것이다. 물론 한 지역의 문학적 정체성을 말하면서 특정 질병의 이름을 거론하는 것은 흔치 않은 일이다. 그러나 마산과 결핵문학의 특별한 관계를 조명하는 것은 문학사적으로도 의미 있는 일이고, 치유와 회복의 공간으로서 마산의 성격을 규정하는 데도 도움이 되는 일이다. 한국 결핵문학의 산실로서, 그리고 치유와 회복의 공간으로서 마산은 매우 중요한 의미를 갖는 곳이다. 결핵문학이야말로 마산이 갖는 가장 독특한 문학자산인 것이다.

나도향, 마산에서 부친 '피 묻은 편지 몇 쪽'

우리 근대문학사에는 유난히 결핵으로 죽은 문인이 많다. 오죽하면 별 망설임 없이 '결핵문학'이라는 말까지 쓸까. 「물레방아」, 「벙어리 삼룡이」, 「뽕」을 쓴 나도향(羅稻香, 1902~1926), 카프 중앙위원회 서기장으로서 「우리 오빠와 화로」, 「네거리의 순이」와 같은 문제작을 내놓았던 임화(林和, 1908~1953), 「봄봄」, 「동백꽃」의 작가 김유정(金裕貞, 1908~1937), 「날개」의 작가 이상(李箱, 1910~1937) 등이 모두 결핵을 앓거나 결핵으로 사망하였다. 결핵이야말로 우리 근대문학사에서 가장 무서운 복병 중 하나였다.

결핵과 관계된 체험을 담은 문학을 총칭하여 '결핵문학'이라고 할 때, 위에 열거한 문인들은 사실상 결핵을 문학적으로 자각한 문인들이었다. 특히 1920년대 후반 나도향의 각혈과 때 이른 죽음은 당대 최대의 문학적 스캔들이었다. 5년 남짓밖에 되지 않는 짧은 창작 기간에 이루어 낸 작품적 성과와 스물다섯 밖에 되지 않은 미혼 작가의 요절이 그의 생애와 작품, 그리고 결핵이라는 병에 대한 형언할 수 없는 신비감을 조장했다. 문인의 운명은 곧 결핵으로 이어진다는 등식이 성립될 만큼 각혈과 문학이 일종의 선망처럼 시대를 풍미했다. 나도향 이후 앞서거니 뒤서거니 결핵으로 세상을 떠난 이상과 김유정에 이르면 이러한 분위기는 최고조에 달하게 된다.

이런 시기에 나도향과 결핵의 상관관계를 짐작하게 하는

작품이 있으니, 그것이 바로 마산에서의 요양 경험을 구체
적으로 묘사한 「피 묻은 편지 몇 쪽」이라는 단편소설이다.
그는 당시 마산을 찾은 인상을 다음과 같이 구체적으로 묘사
하고 있다.

　　마산의 바다는 좋습니다. 바다의 공기를 마시고 그것을 내뿜을
때는 마치 바다를 삼켰다가 배앝는 듯한 때가 있습니다. 구마산
(舊馬山) 지저분한 부두에 섰을 때라도 바다를 내다 볼 때, 멀리
서 흰 돛을 단 배가 유리 같은 바다 위로 미끄러져 갈 때에는 돛
대 끝에 내 맘 한 끝을 매고 한없이 먼 나라로 나의 마음을 끌어
안는 듯합니다.
　　오늘은 일기가 좋은데다가 마침 일요일이라고 이군과 함께 신
마산(新馬山) 구경을 가기로 하였습니다. (중략) 신마산은 일본
사람의 시가입니다. 깨끗하고 한적한 시가입니다. 우리는 정거
장 뒤의 방축 위에 앉아서 발밑에 와서 부딪쳤다가 깨어지는 물
결도 보고 공중에 산같이 모였다가 사라져 없어지는 구름도 쳐다
보았습니다.
　　마산만 중앙에 배같이 떠 있는 돝섬을 돌아드는 고깃배도 좋거
니와 꼬리를 내젓는 듯 연기를 토하고 멀리 가는 기선도 마음을
끕니다. 바람도 없고 물결도 없습니다. 바다가 아니요 호수 같은
마산만의 푸른 물은 마치 어떤 한 그릇에 왜청을 풀어서 하나 가
득 담은 듯이 묵직하고 진합니다. 그 위로 사람이 굴러도 빠지지
도 않고 거칠 것도 없을 듯이 잔잔하고 평탄합니다.
　　　　　　　　　　　　　－ 나도향, 「피 묻은 편지 몇 쪽」 본문 중에서

구마산, 신마산, 돝섬 등 마산 사람이라면 누구나 다 아는 지명이 소설 속에 그대로 등장한다. 우리 소설 중에 이렇게 마산의 풍광을 직접적으로 소설에 등장시킨 예는 찾기 힘들다.

그렇다면 작가 나도향에게 마산은 어떤 곳이었을까. 그는 소설에서 마산에서의 경험을 어떻게 형상화하고 있을까.

| 무학산에서 내려다본 마산(馬山)

어떤 작가든 자기 체험을 그대로 작품화한 글 한 편 정도는 반드시 쓰게 되어 있다. 나도향의 경우에는 1926년 4월 『신민』 제12호에 발표한 단편 「피 묻은 편지 몇 쪽」이 그런 작품이다.

나도향은 1923년 무렵부터 결핵을 앓았다. 당시 나도향의 집은 조부가 독립운동에 연루되어 투옥되고 병석에 눕게 되면서 가세가 몹시 기운 상태였다. 자연히 나도향도 매우

궁핍하게 살 수밖에 없었다. 1923년에 '조선도서(朝鮮圖書)'에, 1924년에는 『시대일보』에 취직했지만, 동인지 『백조』의 발간 중단과 함께 동가식서가숙하며 무절제하게 살았다. 결핵까지 겹쳤으니 이중삼중으로 힘든 생활이었다.

그러던 중 그는 염상섭의 소개로 마산에 있는 이은상의 집으로 내려오게 된다. 염상섭과 함께 근무하던 『시대일보』가 1925년 말 문을 닫으면서 각자 따로 마산 이은상에게 내려왔던 것이다. 그런 두 사람을 이은상은 성심성의껏 대접했다. 아래 소설에서 묘사한 내용을 보면 당시 이은상이 나도향을 얼마나 각별히 대해주었는지 알 수 있다.

형님이 소개하여 주신 이군은 날마다 한 번씩 찾아와 줍니다. 어떤 날은 함께 바닷가로 산보나 나가는 일이 있고, 어떤 때는 저녁 늦게 같이 놀다가 자고 가는 날도 있습니다. 그는 나에게 퍽 친절히 하여 줍니다. 무엇이든 자기가 할 수 있는 것은 하여 줍니다.
                          – 나도향, 「피 묻은 편지 몇 쪽」 본문 중에서

이은상의 글 「도향 회상」(『현대문학』, 1963.1)에도 1924년부터 1926년까지 서울에서 방정환, 염상섭, 나도향이 차례로 내려와 그의 집에 머물다 간 내용이 기록되어 있다. 이 글에서 그는 1926년 여름 나도향이 내려와서 서너 달 같이 놀다가 일본으로 건너갔다고 적고 있다.

그러나 이 기록에는 약간의 착오가 있는 것 같다. 당시 나도향의 일정과 행적을 고려하면 그가 마산으로 내려온 시기는 1925년 여름이었다. 염상섭의 회고담 「병중의 도향」(『현대평론』, 1927.8)이라는 글에도 1926년 1월 19일 도쿄역에서 나도향과 만난 일이 쓰여 있다. 즉 나도향은 1925년 여름 마산에 내려와 서너 달 요양한 후 일본으로 가서 염상섭 등과 함께 '곤색'하고 '초췌'하게 생활하다가 1926년 6월 폐결핵으로 어쩔 수 없이 귀국한 후 1927년 8월 사망하였던 것이다.(-염상섭, 「병중의 도향」, 『현대평론』, 1927.8)

1925년 여름 결핵 치료를 위해 마산으로 내려온 나도향은 당시 회원동 526번지에 있던 이은상의 집에서 석 달 정도 식객 노릇을 했다. 그리고 이 기간 마산에서의 요양 체험을 「피 묻은 편지 몇 쪽」이라는 작품으로 남겼다.

이 작품은 나도향이 마산에서 지낸 동안의 경험을 '형님'에게 써서 보낸 편지글 형식의 소설이다. 이 소설에서 편지를 받는 '형님'은 바로 염상섭을 말하는데, 그는 실제로 나도향보다 다섯 살 연장자였고 함께 『시대일보』에 근무했으며 일본에서도 같은 하숙집에서 지낸 사이였다. 아마도 나도향은 마산에서 이 작품을 마무리하여 신민사로 보낸 뒤 바로 일본으로 건너갔을 것이다.

「피 묻은 편지 몇 쪽」에는 작가 자신의 체험을 대변하는 주인공 '나'가 등장한다. 소설에서 나는 '마산에 가면 병이 낫겠지' 하는 기대감으로 마산에 내려왔다. 일제 때 젊은 문인들은 유행병처럼 결핵을 앓았고, 마침 마산에 제대로 된 요양소가 몰려있었다. 게다가 당시 마산은 적당히 유흥적인 분위기까지 갖춘 도시였다. 일본인 거주지였던 신마산을 중심으로 형성된 신식 유흥가는 당시 문화예술인들에게 충분히 매력적인 곳이었다. 그러나 기대와 달리 병의 차도를 볼 수 없어 '고적함과 답답함'만 느끼던 중이었다. 게다가 마산에서 본 일본인들의 신시가지 풍경은 '조선 사람의 쇠퇴와 몰락'만 확인시켜줄 뿐이었다.

신마산 통술거리에 있는 일본식 건물. 이 동네에는 아직 일제시대의 흔적이 여기저기 남아 있다.

병의 차도는 아직 같아서는 알 수가 없습니다. 열도가 오르내리는 것이나 피를 뱉는 것은 전과 별로 다르지 않습니다. 날마다 아침이나 저녁으로 산보를 하는 것이 나의 일과입니다. 친구도 없고 아는 사람도 별로이 없는 이곳은 나의 감정을 조금이라도 유쾌히 하여 주는 이가 없습니다. 도리어 고적함과 답답함을 차디찬 얼음으로 나의 생명을 저려놓는 듯할 뿐입니다.

― 나도향, 「피 묻은 편지 몇 쪽」 본문 중에서

해서 나는 형님(염상섭)이 소개하여 준 이군(이은상)과 함

111

께 날마다 바닷가로 산보나 나가면서 소일하는 중이었다.

그러던 어느 날 우연히 신마산 바닷가에서 한 여자를 만나게 된다. 이군과 함께 모래밭에 누웠는데, 어떤 여자가 실수로 내 머리를 차고 지나간 것이다. 나이는 스물 둘셋 정도, 조금 창백한 난형(卵形)의 얼굴, 영롱한 눈과 오똑한 코, 조금 큰 듯한 입술이 아름다운 '장영옥'이라는 여자였다. 서울에서 내려와 마산에서 학교 교원으로 일하고 있다고 했다.

나는 첫눈에 그 여자에게 반하였다. 그리고 얼마 후 박군(박종화)의 소개장을 가지고 서울에서 내려온 장영옥의 남동생과의 인연으로 자연스레 장영옥과 만날 기회를 얻게 된다. 두 사람은 구마산에 있는 장영옥의 집과 신마산의 방축 등에서 '마음속을 툭 털어'놓고 대화를 나눈다. 그러나 결핵 환자에게 사랑은 또 다른 절망의 시작일 뿐, 나는 마산에 처음 내려올 때보다 더 끔찍한 비관에 빠지게 된다.

나는 그를 생각하며 울었습니다. 그를 언제 내가 보았으며 내가 언제 그를 알았겠습니까마는 나의 마음은 그때 방축 위에서 나의 마음에 일으켜 준 파동과 함께 그의 치맛자락이 울렁대는 대로 끌고 간 채 지금까지 돌려보내 주지 않았습니다. (중략) 지금 같은 형편으로는 결코 사랑을 할 수가 없을 것입니다. 즉 몰락한 사회에 예술의 꽃이 피지 않는 것이나 마찬가지겠지요.

사랑을 단념하자! 생명에서 윤택과 끈적끈적한 맛과 향기를 불살라 버리자!

– 나도향, 「피 묻은 편지 몇 쪽」 본문 중에서

결국 나는 마산을 떠나기로 결심한다. '초상집에서 죽은 이의 입던 옷, 쓰던 물건을 뭉치는 것' 같은 기분으로 짐을 싸고 장영옥에게 작별인사를 한다.

갑니다! 영원히 갑니다! 인제 다시 영옥을 나는 보지를 못하겠지요? 보지 못해도 좋습니다. 아무래도 좋습니다. 그러나 그의 사랑! 그에게서 남 몰래 나 혼자 나의 가슴에 맺힌 사랑은 어느 때까지든지 가지고 가렵니다. (중략) 아아! 눈물! 영옥은 나에게 두 가지를 주었습니다. 한 번은 잊지 못할 발길과 또 한 번은 가슴에 사무치는 진주 같은 눈물을. 기차는 어김없이 떠났는데 멀리 공중에서 저녁 별 하나가 깜박거릴 뿐입니다.

– 나도향,「피 묻은 편지 몇 쪽」본문 중에서

작가연보를 확인해 보면 대번에 알 수 있듯이, 나도향이 본격적으로 문단 활동을 한 것은 5년 정도밖에 되지 않는다. 이 5년 남짓한 기간을 전후하여 나도향은 도합 네 번의 연애를 경험하였다. 1920년 안동보통학교 교사로 있을 때 만난 송본(松本)이라는 일본인 여교사, 1922년 '백조사'에 있을 때 만난 단심(丹心)이라는 기생, 1925년 마산에서 만난 여성, 1926년 일본에서 만난 최모 양이 바로 그들이다. 「피 묻은 편지 몇 쪽」에 등장하는 '장영옥'은 나도향이 마산에 있을 때 잠깐 만난 여성이었다.

그러나 가난과 결핵 속에서 만나는 사랑은 언제나 실연의 아픔과 비관을 전제로 하는 것. 병이 일조일석에 낫지 않는 것을 너무나 잘 알기에 사랑을 단념할 수밖에 없는 것이 결핵환자의 현실이다. 따라서 나도향이 소설에서 묘사한 마산의 풍광은 그 아름다움만큼이나 외로움과 절망과 비애를 더해주는 배경이 되어 버린다.

마산에 온 지도 벌써 두 주일이 넘었습니다. 서울서 마산을 동경할 적에는 얼마나 아름다운 마산이었는지요! 그러나 이 마산에 딱 와서 보니까 동경할 적에 그 아름다운 마산이 아니요, 환멸의 섬섬함을 주는 쓸쓸한 마산이었나이다.

– 나도향, 「피 묻은 편지 몇 쪽」 본문 중에서

치유를 위해 마산을 찾았지만 병은 낫지 않았고, 이룰 수 없는 사랑의 아픔과 슬픔까지 더해져 병세는 더 악화되었다. 패배감과 절망감은 이루 말할 수 없을 지경이었을 터. 나도향의 소설에서 1920년대의 마산은 절망과 비애의 도시로 묘사될 수밖에 없었다. 마산이란 특정 공간이 결핵 체험의 문학적 장소로 첫 모습을 드러냈을 때, 그것은 상실과 비애의 감정에 감염된 병적 공간이었던 것이다.

나도향(羅稻香, 1902~1927)

본명은 경손(慶孫), 필명은 빈(彬). 1902년 3월 30일 서울 청파동에서 나성연(羅聖淵)과 김성녀(金姓女)의 13남매 중 장남으로 태어났다. 1917년 배재고보 졸업 후 조부의 뜻에 따라 경성의전에 입학하였으나 중퇴하고 문학 공부를 위해 일본 도쿄로 건너갔다. 그러나 학비 마련이 여의치 않아 곧바로 귀국, 1919년 1년 동안 안동에서 보통학교 교사로 일하였다. 1921년 『배재학보』에 「출향」을 발표하고, 『신민공론』에 단편 「추억」을 발표하면서 문필 활동을 시작하였다. 1922년 박종화(朴鍾和), 홍사용(洪思容), 이상화(李相和), 현진건(玄鎭健) 등과 함께 문예동인지 『백조』 동인으로 참가, 창간호에 「젊은이의 시절」을, 제2호에 「별을 안거든 울지나 말걸」을 발표했다. 또한 『동아일보』에 장편소설 「환희(幻戲)」를 연재하여 주목을 받았다. 「넷날의 꿈은 창백하더이다」(1922), 「17원 50전」(1923), 「은화」(1923), 「춘성(春星)」(1923) 등 감상적인 작품을 발표하다가, 「여이발사」 「행랑자식」 등을 발표하면서 사실주의적 경향으로 전환한다. 1924년 「자기를 찾기 전에」 「전차 차장의 일기 몇 절」을 발표하고, 1925년 「물레방아」 「뽕」 「벙어리 삼룡」 등 완숙한 작품을 발표하여 각광을 받았다. 1926년 다시 일본으로 건너갔으나 폐병이 악화되어 수학(修學)의 뜻을 이루지 못하고 귀국하였다. 이 무렵 단편 「피 묻은 편지 몇 쪽」 「지형근」 「화염에 싸인 원한」 등을 발표했다. 1927년 8월 26일 폐결핵으로 사망했다. 사후에 장편 「어머니」(1939)가 출간되었다. 실연과 병과 가난을 겪으면서도 단편 20여 편과 장편 2편, 수필 몇 편을 남겼다.

상남동 199번지와 임화

마산을 문인들의 결핵 체험, 즉 결핵문학과 결부시켜 이야기할 때 절대 빠뜨릴 수 없는 이들이 있으니, 나도향의 뒤를 이어 이곳에서 결핵 치료를 받았던 임화(林和, 본명 林仁植, 1908~1953)와 지하련(池河連, 1912~1960)이 바로 그들이다.

잘 알려져 있듯이 임화는 1908년 서울 낙산의 중산층 집안에서 태어났다. 1921년 보성고보에 입학했으나 모친의 사망과 집안의 파산으로 학교를 중퇴하고 가출한 후 사회주의와 최신 예술사조를 섭렵하게 된다. 다다이즘 시와 평문을 신문에 투고한 것을 계기로 시인 이상화, 소설가 윤기정, 평론가 박영희를 만나면서 1926년 12월 카프(조선 프롤레타리아 예술가 동맹, KAPF)에 가담, 1934년 이상(李箱, 1910~1937)이 「오감도」를 발표하기 전인 1929년에 이미 「우리 오빠와 화로」, 「네거리의 순이」 등 단편서사시의 전형을 발표함으로써 일약 프로 시인의 선두주자로 각광받았다. 일본 유학을 다녀온 1931년에는 소장파들과 더불어 카프의 볼셰비키화에 앞장서서 문학운동이 아닌 계급운동으로서의 방향 전환을 주도하였고, 제1차 카프 검거사건으로 옥고를 치르고 1932년 서기장 직을 맡으면서 카프의 주도권을 장악하였다.

그러나 1935년 카프 해산계를 낸 후 그의 삶은 폐결핵과 시집 『현해탄(玄海灘)』, 『조선신문학사』 간행, 출판사 '학예사' 운영, 일제 신체제문화운동에 대한 협조 등 복잡한 행보를 보이게 된다. 지하련과 임화의 결혼은 바로 이 시기, 즉 카프가 해산되고 폐결핵 치료를 위해 마산으로 내려왔을 때 전격적으로 이루어졌다.

임화가 폐결핵에 걸린 것은 1931년 카프 제1차 검거 때 석 달 동안 감옥살이를 하고부터였다. 어렸을 때부터 폐가 나쁘기도 했지만 열악한 감옥 환경이 건강에 악영향을 끼쳤기 때문이다. 이후 폐결핵은 중요한 순간마다 임화의 발목을 붙잡았다. 특히 1934년 카프 제2차 검거 때는 경찰에 붙잡혀 가던 도중 각혈과 졸도로 수감을 면하기도 했는데, 이로 인해 카프 맹원들로부터 신변의 위협을 느끼고 일부러 졸도한 것이 아니냐는 의심을 사기도 했다. 백철의 회고에 따르면 당시 임화가 교묘한 연기로 구속을 피하였을 뿐 아니라, 전처인 이귀례와 이혼하고 마산에 내려가서 이현욱(지하련)과 결혼하여 편히 지낸다는 등 뜬소문이 돌기도 했다고 한다.(-백철, 『문학자서전』, 박영사, 1957)

이쯤에서 임화의 사생활에 대해 좀 더 꼼꼼히 살펴볼 필요가 있을 것 같다. 그는 14살에 보성고보에 입학했는데, 김남천(金南天, 1911~1953)이 안막(安漠, 1910~?)한테 들은 바로는 '아이 적엔 면도만 반들반들하게 하고 휘파람 불고 다녔다'고 하고, 이웃한 숙명여학교 학생들한테 '연애박사'로 불렸다고 한다. 워낙 미소년이어서 '아이노꼬(あいのこ, 혼혈아) 같다'는 말도 곧잘 들었고, 1928년에는 영화 「유랑(流浪)」, 「혼가(昏街)」의 주연을 맡으며 '조선의 발렌티노'로 불리기까지 했으니 문인으로서는 보기 드물게 수려한 외모를 타고났던 것 같다.

임화가 일본으로 건너간 것은 1929년 22세 때의 일이다. 일본 동경에서 임화는 이북만(李北滿, 1908~?)의 집에 기거하면서 『무산자(無産者)』 편집에 관여하였다. 그리고 이북만의 여동생 이귀례(李貴禮)와 '동지적 사랑'으로 묶이게 된다. 당시 이귀례는 17세였다. 1930년 12월부터 두 사람은 동거를 시작, 1931년 봄 귀국하면서 결혼식도 없이 곧바로 혜화동에 살림을 차렸다. 당시 프로예술동맹의 열성맹원이었던 이귀례는 자신들의 결혼을 동지와 동지의 결합으로 여겼다. 1931년 12월에는 두 사람 사이에 딸 혜란(惠蘭)도 태어났다.

그러나 1934년 카프 제2차 검거사건으로 임화가 전향하면서 두 사람은 이혼수순을 밟게 된다. 다른 카프 맹원들이 구속 재판을 받는 동안 임화는 폐결핵을 이유로 구속을 면하고 평양실비병원에서 치료를 받게 되는데, 누구보다 확고한 프롤레타리아 운동가였던 이귀례는 이런 임화의 행동을 변절이라 생각하고 딸 혜란과 함께 남편의 곁을 떠나고 만다.

이때 이귀례가 떠난 빈자리를 채운 이가 바로 이현욱(李現郁, 필명은 지하련)이었다. 이현욱, 즉 지하련이 임화를 만난 것은 임화가 평양실비병원에 입원해 있을 때였다. 지하련 본인이 1939년 12월 『여성』지의 설문에서 '6년 전 겨울 평양의 모 병실에서 처음 만났다'고 답한 적이 있으므로 이때 임화를 만났다고 보는 것이 맞다. 그러나 한편으로 동경 유학 중에 이미 임화를 만났을 가능성도 배제할 수 없다. 물론 이때는 임화가 이귀례와 동거 중일 때였다.

그러므로 카프 제2차 검거사건 이후 임화의 방향전환은 사상뿐 아니라 인생 전반에도 큰 변화를 일으켰다고 할 수 있다. 1935년 딸 혜란을 이귀례에게 맡기고 완전히 갈라선 임화는 지하련의 병문안을 계기로 마산으로 내려가게 된다. 마산은 결핵요양소가 있고 또 지하련이 있는 곳이었다.

임화가 마산으로 내려간 것은 카프를 해산한 1935년 8월의 일이다. 마산에 내려간 그는 서둘러 지하련과 결혼을 하게 된다. 지하련의 본명은 이현욱(李現郁), 호적상 아명은 이숙희(李淑姬)로, 거창의 천석지기 부호였던 이진우와 첩실인 박옥련 사이에서 태어났다. 위로 이복오빠 다섯 명과 언니 한 명이 있었다. 1935년 마산에 내려간 임화는 '친구'의 권유로 낚시에 빠져들게 되었다고 썼는데, 이 친구들이 바로 지하련의 오빠들이다.

두 사람은 1936년 7월 8일 혼인신고를 했고 4일 뒤에 아들 원배(元培)를 마산시 상남동 199번지에서 낳았다. 둘의 만남은 누가 봐도 임화 쪽이 기우는 만남이었다. 보성고보 5년 중퇴 학력의 임화에 비해 지하련은 일본 동경에서 여학교를 졸업하고 대학까지 다닌 고학력자였다. 게다가 임화 못지않게 아름다운 외모의, 흔히 말하는 재색을 겸비한 여성이었다. 첩실 딸에 나이 24세로서 과년한 편이긴 했으나, 전처와의 사이에 딸까지 둔 이혼남에 비한다면 흠이라 할 수도 없었다. 상식적으로 지하련의 집에서 임화를 받아들이기는 쉽지 않았을 것이다.

그런데 백철은 이에 대해 '임화가 요양차 마산으로 가 있다가 현지의 유력한 사회주의자의 딸인 이현욱과 신혼' 생활을 시작하였다고 쓰고 있다.(-백철,『문학자서전』, 박영사, 1957) 이로 볼 때 지하련의 부친 역시 오빠들과 같이 임화와 사상적으로 뜻을 같이 하는 사회주의자였음을 짐작할 수 있다. 임화는 아마도 이러한 처가의 배려와 도움 덕분에 지하련과 결혼을 할 수 있었을 것이다.

결혼 후 임화는 처가의 도움으로 생활하며 결핵 치료에 전념하였다. 마산에서의 신혼생활은 1937년 말까지 약 2년간 계속되었다. 결혼 직후 서울에서 잡지사 기자가 내려와 인터뷰한 내용을 보면 '임화 씨를 마산 상남동(上南洞)으로 찾았다'고 쓰고 있고(-『신인문학』, 1936.10), 호적상 아들 원배가 '마산부 상남동 199에서 출생'했다는 기록이 남아 있다.

임화 부부가 살았던 상남동 199번지는 용마산(龍馬山) 자락에 형성돼 있었던 마을로 지금은 육호광장이 된 옛 구마산역과 인접한 동네였다. 뒤에는 용마산이 있고 앞에는 구마산 중심부가 걸어서 5분밖에 안 걸릴 정도로 가까이 있었으니 신혼살림에는 적당한 곳이었을 것이다.

임화 부부가 살았던 집터는 현재 용마고등학교에서 육호광장까지 이어지는 도로 가에 있었다. 용마고등학교 앞길인 허당로를 타고 육호광장 쪽으로 올라가다 보면 오른쪽에 합포동 주민센터가 나오는데, 이곳에서 육호광장까지가 임화 부부가 살았던 집터를 포함하는 옛 상남동 마을자리이다. 번지상으로는 주민센터 위에 있는 주유소에서 상남초등학교

임화 부부가 살았던 상남동 199번지. 용마고등학교에서 육호광장으로 올라가는 길 오른편에 있다. 사진에 보이는 동원정 옆 공터에서 골목안집까지가 모두 옛날 집터 자리로 보인다.

골목 사이에 해당한다.

이곳에서 2년 동안 임화는 정신적으로나 육체적으로 충분한 재충전의 시간을 가지게 된다. 다음 글에서 마산 생활에 대한 임화의 회상을 읽을 수 있는데, 결핵 치료차 마산에서 지내게 된 일과 갈매기를 벗하며 낚시 다니던 일, 예로부터 최치원과 나도향 같은 문인묵객들이 마산에 대한 글을 남겼을 만큼 풍광이 아름다운 곳임을 담담하게 기술하고 있다.

왕년에 병을 얻어 합포 바닷가에 놀던 여름 무료함을 이기지 못하고 오로지 백구를 벗하여 지내던 몇 해 동안 우연히 낚대를 잡아 긴 날을 보내고자 한 일이 나의 조어의 시작이니 (중략) 합포는 마산포의 고칭으로 일찍부터 수륙의 요충지로 (중략) 풍광

이 명미하고 수석이 아름다워 문인묵객의 발자취가 그치지 아니
했음을 고운 선생의 고사로부터 도향 나공의 피묻은 편지 몇 조
각이란 소설에 이르기까지 시의 고금을 막론하고 합포에 관하여
씌어진 이후 헤아리기 어려운 수효의 문장으로 능히 그 진가를
짐작할 수 있다.

−임화, 「조어비의」, 『춘추』, 1941.10

물론 이 기간 동안 임화가 마산에서 쉬면서 병만 치료한
것은 아니었다. 마산에서 지내는 동안 임화는 「조선문학사
론서설」(『조선중앙일보』, 1935.9), 「사실주의의 재인식」
(『동아일보』, 1937.10) 등 문학비평을 발표하는 등 나름대
로 자신의 문학적 입장을 정리하고 있었다.

지하련, 산호리에서 쓴 '체향초'

1938년 2월 임화는 가족을 이끌고 서울로 올라간다. 이귀례가 데리고 있던 딸 혜란도 데리고 와서 함께 키우게 된다. 석연찮은 점은 임화의 호적에 영문(英文)이라는 둘째 딸의 이름이 기재돼 있다는 점이다. 임화의 둘째 딸 영문은 지하련이 원배를 낳기 전해인 1935년 10월에 경성부 창신정 130번지에서 임화와 장숙희의 딸로 출생하였다. 그러나 둘째 딸의 생모인 장숙희가 과연 누구인지는 확인하기 어렵다.

상경한 후 임화는 가히 정력적으로 활동하였다. 1938년 이후 그는 1년에 평균 30여 편의 평론을 발표하였다. 「한설야론」(1938.3), 「유치진론」(1938.3) 등 작가론과 「세태소설론」(1938.4), 「본격소설론」(1938.5) 등 많은 글이 상경 후에 집중적으로 발표되었다. 또 '학예사(學藝社)' 경영과 시집『현해탄』발간 등으로 활발한 시간을 보냈다.

지하련 역시 임화의 두 번째 부인으로 알려지면서 여러 지면에서 원고 청탁을 받게 된다. 특히 최정희(崔貞熙, 1912~1990) 등 여류 문인들과의 사귐은 자연스레 집필에 대한 자극제가 되어 주었다.

그러나 1940년 초여름, 지하련은 폐결핵에 걸리게 된다. 남편의 병을 간호하다가 자신도 결핵에 감염되고 만 것이다. 지하련은 임화의 권유에 따라 아이들을 떼어놓고 혼자서 요양차 친정이 있는 마산으로 내려오게 된다. 이현욱이라는 이름으로『여성』지에 발표한 글에 이때의 심경이 잘 표현되어 있다.

아무튼 가을이 어서 왔으면 어서 오작(烏鵲)이 은하(銀河)에 다리를 놓고 추석(秋夕)이 왔으면 그래서 밤마다 정든 저 기차를 타고 저 강(江)물을 건너서 다시 서울엘 갔으면.

나를 이리로 보내면서 그는 나어서 가을에 오라고 말했다.

떠나기 싫다는 아이들에게 "엄마 살쪄서 가을에 온다"고 달래는 말을 나는 드렸다. 오늘은 종일 기분(氣分)이 나쁘고 열(熱)이 높다.

뜰엔 백합(白合)이 한창 곻으나 내 맘은 그저 서글프다. 생각하면 죽는 게 무서운 것이 아니라 이즐 수 없는 사람들과 더부러 죽음이란 분명이 두려운 것이고 병고(病苦)란 한(恨)스러운 것인지도 모르겠다. 정말 고독(孤獨)이 죽음보다 더한가 보다.

– 이현욱, 「일기」, 『여성』, 1940.10

이 글에서 지하련은 남편과 아이들 걱정에 괴롭고 답답한 기분을 토로하고 있다. '기분이 나쁘고 열이 높다', '고독이 죽음보다 더한가 보다'라는 표현에서 당시 지하련이 느꼈던 답답한 심경을 짐작할 수 있다.

세상은 세상대로 소란하였다. 1940년은 모든 문인들이 친일 전시문학에 동원되던 때였다. 임화 역시 비켜가기 힘든 일이었다. 지하련은 이 시기를 홀로 마산에서 병고와 싸우며 집필하는 데 몰두하였다.

결과적으로 마산에서의 투병생활은 지하련이 문단에 데뷔할 수 있도록 해주는 값진 계기가 되어 주었다. 그녀가 여름 내내 투병하며 집필한 단편 「결별(訣別)」이 같은 해 12월 백철의 추천으로『문장』지에 발표되었기 때문이다.

「결별」은 순탄치 못한 결혼생활로 남편과 갈등을 겪는 여주인공 형례가 다른 친구와 자신의 결혼생활을 견주어 보면서 느끼는 착잡한 심리상태를 밀도 있게 묘사한 소설이다. 특히 이 작품에는 마산의 '호수 같은 바다'와 '해안통', '매축지' 등 구체적인 장소가 명기되어 있어 지하련과 임화의 마산 생활이 이야기 속에 녹아들어 있음을 짐작케 한다.

김윤식이 지극히 사소설적인 작품이라 평한 소설「결별」에서 작가는 결혼 뒤 겪게 된 임화와의 갈등과 심리문제를 세밀하게 묘사하였다.(-김윤식,『임화 연구』, 문학사상사, 1989) 백철은 추천사에서 '작중인물로서 작자 자신을 대변한다고 추측되는 여성'을 등장시켜 자신의 결혼 생활을 통해 느끼는 갈등을 소설적으로 표현하였다고 설명하는 한편 지하련의 '작가적인 천품'이 잘 드러났다는 말로써 이 작품을 극찬하였다.

지하련씨(池河連氏)는 모 친우(某 親友)의 부인(婦人)되는 분으로 내가 기왕부터 경애(敬愛)해 온 분이다. 인간적(人間的)으론 전(前)부터 친숙(親熟)하게 아는 분이지만 그가 이처럼 훌륭한 작가적(作家的)인 천품(天稟)을 가진 분인 줄은 조홀(粗忽)하게도 생각질 못했다. (중략) 작중인물(作中人物)로서 작자자신(作者自身)을 대변(代辯)한다고 추측(推測)되는 여성(女性)을 제이주인공(第二主人公)으로 돌린 점과 따라서 자기(自己)를 타(他)에 양보(讓步)해 간 그 윤리적(倫理的)인 신미(新味)와 찰삭 달겨붙는 듯

한 섬세막비(纖細莫比)한 감각미(感覺味)와 장면(場面)마다 나타
난 여성(女性)다운 치밀(緻密)한 관찰(觀察)의 도(度)는 타인(他
人)의 추방(追放)을 허(許)하지 않는 재지(才智)가 빛나는 호개(好
箇)의 단편(短篇)이다.

– 백철, 「지하련池河連씨의 「결별訣別」을 추천推薦함」, 『문장』,
1940.12

임화의 부인이라는 배경과 백철의 극찬을 등에 업고 문단
에 등장한 지하련은 「결별」 이후 마산에서의 요양생활을 소
재로 쓴 소설 「체향초(滯鄕抄)」를 발표하면서 소설가로서 더
욱 확고한 기반을 다지게 된다. '임화의 부인'에서 '소설가 지
하련'으로 등장하면서 그녀가 느꼈을 감격이 어떠했을지는
가히 짐작할 수 있다. 그러나 그녀는 등단 인사에서 다소 소
극적인 감회만 표현하였다.

사실 내게는 이렇다는 포부(抱負)라고 할 게 없습니다. 혹 평소
(平素) 바라든 바가 있었다면 한 사람의 여자(女子)로서 그저 충실
(充實)히 혹은 적고 조용히 살어가고 싶었든 것인지도 모릅니다.

하기야 글을 쓴다고 해서 뭘 여자(女子)로서 충실(充實)하지 말
날 법은 없겠으나 단지 나의 경우에 있어선 내가 집을 떠나 있는
동안 내게 온 이를테면 가장 폐로운 시간(時間)을 주체할 길이 없
어 그 처치(處置)된 곳이 이 길이었는지도 모르기 때문에 사실 앞
으로 있어 내 행방(行方)에 딱이 장담할 수가 없습니다.

– 지하련, 「인사」, 『문장』, 1941.4

지하련은 자신이 소설을 쓰게 된 것이 '단지 집을 떠나 있는 동안의 페로운 시간을 주체할 길 없어' 쓴 것에 불과하다고 하였다. 그러나 이런 겸손한 등단 인사와 달리, 마산 요양 시절의 느낌과 체험을 작품화한 두 번째 소설 「체향초(滯鄕抄)」는 「결별」 못지않은 호평을 받게 된다. 이 작품에서 지하련은 「체향초」 즉 '고향에 머무르며 쓴 글'이라는 제목처럼, 1940년부터 3개월간 마산에서 요양차 머무를 때의 생활을 고스란히 살려 소설화하였다.

「체향초」의 주인공 삼희(三熙, 소설 원문에는 '삼희'가 아닌 '삼히'로 표기되어 있다.)는 건강상 요양을 위해 마산 친정에 와 있는 결핵환자다. 처음에는 친정이 있는 월영동(月影洞)에서 요양하려 했으나 친척들의 걱정과 방문에 도리어 지친 나머지 오빠 집이 있는 산호리(珊瑚里)로 옮겨 가게 된다.

"이게 웬일이냐 글세—"

하고는 미기 우름을 참는 시늉으로 손을 잡는 숙모(叔母)들이라든가,

"어 그 젊은 애들이 무슨 병이람—"

하고, 연상 한약을 권하는 숙부(叔父)들이라든가, 이밖에 연일 문병차로 드나드는 친척 지지들, 또 조석으로 곁에 와서 울멍 울멍 간호하려 드는 어머니의 얼골, 이러한 것에 삼히는 거반 지친 바 되어, 사흘재 되든 날 아츰, 끝내 산호리(珊瑚里)로 옴기게 했든 것이다.

—지하련, 「체향초」 본문 중에서

소설에서 삼희가 친척들의 과도한 관심을 피해 간 산호리라는 곳은 실제 호적상 1937년 4월부터 지하련의 셋째 오빠 이상조가 살았던 산호리 562번지, 즉 지금의 행정구역으로 창원시 마산합포구 산호동 562번지를 염두에 둔 설정이다.

산호리에 있는 오라버니는 삼히가 어렸을 적 유난히 따르든 오라버니일 뿐 아니라, 형제들 중 제일 몸이 약한 분인데다가 한때 불행(不幸)한 일로 해서, 등을 상우고, 그래서 지금은 이렇게 시가지(市街地)와 떠러진 산 밑에서 나무와 김생들을 기르고 날을 보내는 것이다.

-지하련, 「체향초」 본문 중에서

삼희의 오빠는 한때 불행한 일을 당하여 시가지와 떨어진 산 밑에서 나무와 짐승들을 기르며 살고 있다. 여기에서 말하는 한때의 불행이란 사상범으로 끌려가 고초를 당한 일을 에둘러 표현한 말이다.

지하련의 오빠 이상조도 사회주의 사상운동과 관련이 깊은 인물이었다. 그는 일찍이 신간회 동경지회 선전부에서 일했고 조선청년동맹에 가입하여 활동한 이였다. 그러므로 소설 초반부에 나오는 공간과 인물 묘사는 대부분 지하련과 그 오빠의 실제 상황을 거의 그대로 살려서 쓴 것이다.

1940년대의 마산 시가지가 구마산과 신마산 중심으로 편성돼 있었던 점을 고려하면, 당시 산호동은 시내에서 떨어진 변두리 마을이었다. 산호동 용마산(龍馬山) 아래에는 지금도 삼백년 된 느티나무가 남아 있어 오래된 취락지의 모습을 전해주고 있는데, 당시 이상조의 집은 이 느티나무에서 멀지 않은 곳, 지금의 용마고등학교 뒤에 있었다.

용마고등학교 왼편 골목으로 들어가 용마산과 맞닿은 길 끝까지 올라가면 이상조의 집이 있었던 산호동 562번지 일대가 나온다. 지금은 연립주택과 단독주택이 들어서 있는데, 산기슭에 일구어 놓은 계단식 밭들과 오래된 옛집들이 맞닿아 있어 옛날 같은 전원적 분위기가 여전히 남아 있다. 지하련 부부가 신혼살림을 살았던 상남동 집에서는 200미터 정도 바다 쪽으로 더 내려온 곳이라 5분만 걸으면 바로 바닷가가 나온다. 뒤에는 용마산이, 앞에는 마산 앞바다가 펼쳐진 아름다운 동네였다. 삼희는 이곳 산호리 집에서 5월부터 7월까지 석 달 동안 요양하며 결핵을 치료하였다.

지하련이 결핵 요양차 머물렀던 산호리. 용마고등학교 왼쪽 골목 끝 용마산과 맞닿은 지점에 지하련의 오빠 이상조의 집이 있었다.

　이후 전개되는 내용은 매우 단순하다. 친정 오빠 집에 머물며 요양하는 석 달 동안 삼희는 매사에 냉소적인 오빠와 달리 적극적인 인물 태일을 소개받게 된다. 언제나 방관자적인 태도로 일관하는 오빠와 달리 태일이란 청년은 '촌에서 올라온 부잣집 아들'로서 현실을 적극적으로 살아가는 인물이다. 삼희는 자의식을 버리지 못해 스스로를 유폐해 버린 오빠와 반대로 야심만만하고 의지적인 '남성의 세계'를 지향하는 태일에게 호감과 반감의 양가적 감정을 느낀다. 작가는 이처럼 대조적인 인물들과 이들 사이에서 공감과 반감을 느끼는 삼희의 반응을 통해 당시 지식인이 처해있던 딜레마적 상황을 표현하고자 하였다. 특히 초라하고 별볼일없는 오빠의 모습을 그래도 '존경'하는 삼희의 모습을 통해 지식인의 본질이 곧 고뇌와 방황, 현실 모색에 있다는 점에 인식의 무게를 실어주려 하였다.

　「체향초」의 사소설적 성격을 고려할 때 삼희를 지하련 본인으로 본다면 청년 태일은 마산 요양 시절의 임화일 가능성이 높다. 임화가 마산에서 지내는 동안 그러했던 것처럼, 태일 역시 마산 바닷가에서 낚시나 즐기며 삼희의 오빠 집에 드나드는 인물이기 때문이다. 그는 전향자 임화처럼 현실에 적응하는 능소능대의 충족한 성격이면서 자기 의지를 관철하는 인물이며 '무서운 사람'이다. 작가는 이러한 태일의 모습을 통해 마산에서 결핵 요양할 당시의 임화를 표현하고 있다. 그리고 이 '무서운 사람'에 대해 반감을 가졌다가도 결국은 이해하게 되는 것이 바로 이 작품 「체향초」의 내면 풍경이다.

「체향초」를 읽는 독자라면 누구나 느끼겠지만, 이 소설에는 그다지 눈에 띄는 복잡한 사건이 등장하지 않는다. 그저 등장인물들의 대화와 생각 속에서 작가가 말하고자 하는 것이 전달될 뿐이다. 이런 소설에서 등장인물들이 의미 깊게 생각하는 공간이 있다면, 그 공간의 의미는 사건보다 더 중요하게 부각될 것이다. 「체향초」에서 산호리의 공간적 의미는 이런 점에서 중요한 의미를 지닌다.

산호리가 어떤 곳인지는 삼희와 오빠의 대화에서 분명히 이해할 수 있다. 삼희가 산호리에 머물면서 병세가 호전되자 자연히 여자 동무들의 방문이 잦아지게 된다. 오빠는 이들의 방문을 달가워하지 않았다.

"내일 월영으로 가거라—" 하고 말을 했다.
월영이란 어머니가 계시는 월영동 큰집을 말함이다.
삼히는 오라버니의 너무 돌연한 말에 멀—숙해서, 더욱 서먹서먹 자리에 앉았다.
"넌 알른 사람이 아니니까, 놀템 월영동 집이 훨신 좋을 거다—"
—지하련, 「체향초」 본문 중에서

이제 더 이상 결핵을 앓는 사람이 아니니까 산호리에 머물 필요가 없겠고, 또 친구들과 모여 놀려면 월영동 집이 훨씬 좋을 거라는 말이다. 오빠가 산호리에 들어와 있는 이유를 알 수 있는 대목이다. 오빠는 사람들과 떨어져 혼자 조용히 지내기 위해 일부러 산호리로 들어왔는데 삼희 때문에 손님이 많아지니 그것을 견딜 수 없다는 말이다.

삼희 오빠의 말처럼, 1940년대 산호리와 월영동(月影洞)의 분위기는 그야말로 하늘과 땅처럼 딴판이었다. 월영동이라는 지명은 신라 때 최치원이 해인사에 들어가기 전 말년을 보내면서 제자를 키운 '월영대(月影臺)'가 있는 곳이라 하여 붙은 이름이다.

'신마산(新馬山)'은 바로 이 지역에 새로 생겨난 일제시대의 신시가지를 가리킨다. 지형상 마산 앞바다와 무학산 사이의 좁은 경사지, 즉 지금의 깡통골목과 통술거리에서 경남대 정문 앞 월영광장까지, 뒤로는 제일여고 뒤 경계선까지가 중심이 되는 곳이다. 이곳은 지금도 경남대학교와 월영광장을 중심으로 상권이 발달해 있는데, 일제시대에는 마산극장(지금은 철거되고 없음)과 신사(神社)가 있는 마산공원(지

▎신마산 깡통골목. 이곳을 중심으로 인접한 통술거리, 경남대학교 정문 앞 월영광장, 제일여고까지 일제시대 일본인들의 거주지인 신마산이 형성돼 있었다.

132

금의 제일여고 자리)을 중심으로 일본인들의 거주지가 형성
돼 있었으므로 마산 원주민들이 살던 '구(舊)마산'에 비해 '신
(新)마산'이라 불렸던 것이다.

삼희가 마산을 찾은 이유는 결핵을 치료하기 위해서였다.
그러나 친정이 있는 신마산 월영동은 삼희를 더욱 지치게 만
드는 공간일 뿐 치유의 공간이 되지 못했다. 반면 오빠가 '한
때의 불행'으로 얻은 상처를 치유하기 위해 피해 들어온 산
호리는 삼희에게도 분명한 치유의 공간이 되어 준다.

이곳 산호리에서 등장인물들은 치유의 순간을 보내며 하
나로 어우러지게 된다. 삼희와 오빠와 태일이 모두 함께 찾
은 산호리 바닷가에서 이 사실을 확인할 수 있다. 오빠와 동
무들과 함께 어울려 낚시하러 간 바닷가에서 삼희는 비로소
태일이라는 청년의 '훌륭함'을 깨닫는다. 오빠와는 확연히
다른 방식이지만 태일 역시 불행한 시대를 견뎌내고 참아내
는 식민지의 지식인이라는 사실을 깨닫게 되는 것이다. 삼
희가 이 사실을 깨달은 직후 태일은 마침내 일본으로 떠나고
삼희 역시 추석 전에 마산을 떠나기로 한다.

이래서 이제는 그의 다정한 고향 바다와, 산과 들을 생각할 때
마다, 먼저 나무와 꽃이 욱어지고, 양(羊)과 도야지와 닭들이 살
고 있는 양지바른 산호리, 그 축사(畜舍)와 같은 적은 집에 살고
있는 얼골 흰 오라버니를 잊을 수는 없게 되었다.
-지하련, 「체향초」 본문 중에서

마산은 삼희에게 힘든 시대를 직시하고 버텨내야 한다는 의지를 일깨우는 공간이었다. 첫 소설 「결별」에서의 마산이 외롭고 쓸쓸한 갈등의 장소였다면, 두 번째 소설 「체향초」에서는 결핵을 치료하고 다시 자신의 삶의 터전으로 떠나기 위해 현실을 올바로 직시하게 하는 공간이었던 것이다. 그리고 이러한 마산의 공간적 의미는 한때의 불행으로 상처받은 삶을 치유받기 위해 숨어 사는 오빠에게나, 현실을 적극적으로 살기 위해 일본으로 떠나는 태일에게나 마찬가지 의미로 그려진다.

그리하여 삼희가 요양을 마치고 서울로 돌아가는 날, 오빠는 그녀를 배웅해 주기 위해 함께 기차를 타고 삼포령(삼랑진)까지 동행한다. 두 사람은 묵묵히 흐르는 낙동강을 바라

| 용마산과 산호동 바닷가. 산호리 용마산 아래 지하련의 오빠 집에서 5분만 걸어 나오면 바닷가로 나올 수 있다. 지금은 해안선이 모두 매립되고 해안도로가 나 있지만, 바닷가에는 작은 배를 대는 포구가 여전히 남아 있다.

보며 '질펀한 평야를 뚫고 잠잠히 흐르는 강물'에서 '장한 풍족(豊足)한 모습'을 발견한다.

> "너 강물을 좋아하니?"
> 오라버니는 누이의 대답을 기다릴 것 없이
> "나는 참 좋다―"
> 하고 말을 했다.
> 강물은 점점 가까이 와 드디어 안전에서 늠실거렸다.
> 강물은 징하고 끔직했다. 그러나 질펀한 평야를 뚫고 잠잠히 흐르는 강물은 또한 얼마나 장한 풍족(豊足)한 모습인가?
> 두 남매는 차가 삼포령을 떠날 때까지 아득히 머러지는 강물을 보고 있었다.
>
> ― 지하련, 「체향초」 본문 중에서

이 장면에서 독자들은 마침내 역사의 상처를 받아들이고 감내하는 강물의 포용력과 인내를 닮는 것만이 이 피폐한 시대를 살아낼 수 있는 길이라는 사실을 깨닫게 된다. 현실을 피하여 숨어 지내는 것이나 현실을 적극적으로 살아가는 것이나 결국은 역사의 상처를 받아들이는 포용력과 인내를 전제로 하는 강물과 같은 삶의 태도라는 사실을 알게 되는 것이다.

지금까지 살펴본 대로 「체향초」는 눈에 띄는 극적인 사건 하나 변변히 없이 일제치하의 암담한 현실을 살아가는 지식인의 하루하루와 고통스러운 내면을 잘 포착해내고 있다.

지하련이라는 소설가가 문단에서 나름의 입지를 다지게 되는 이 작품이 결핵 체험과 관련하여 마산이라는 공간성에 단순한 치유와 회복의 성격을 넘어 현실에 대한 객관적 시각을 파악하게 하는 공간으로서의 성격을 부여했다는 점이 무엇보다 인상적이다.

이후 지하련의 행적은 월북 이후 임화의 북한에서의 행적과 관련하여 단편적으로 알려져 있을 뿐이다. 지하련은 1941년 3월 『문장』지에 단편 「체향지」를 발표한 후 1947년까지 단편소설 「가을」, 「산길」, 「도정」과 수필 등을 발표하였다. 해방 후에는 임화와 더불어 '문학가동맹'에 가입하여 소설부 위원으로 활동하였고, 1947년 11월 임화가 월북한 후에는 남편의 뒤를 따라 월북할 준비를 하며 첫 창작집 『도정』(백양당, 1948.12)을 간행하였다.

월북 후 그녀의 행적은 분명치 않다. 그러나 휴전 직후인 1953년 8월 6일 임화가 남로당 숙청 과정에서 사형을 선고받고 형장의 이슬로 사라졌다는 소식을 듣고는 만주에서 돌아와 실성한 여인의 몰골로 거리를 헤매며 다녔다는 이야기가 전한다. 그리고 평북 회천 근처 산간오지 교화시설에 격리 수용되어 1960년 초에 병사했다고 한다.

일제시대 천형으로 여겨졌던 결핵으로 인하여 마산은 나도향, 임화, 지하련 등 숱한 문인들이 거쳐 간 곳으로 기억된다. 가포, 구마산, 신마산, 해안통, 용마산, 월영동, 상남동, 산호동 등. 이 공간들은 딱히 결핵이 아니더라도 마산의 현재를 이어가는 공간으로 여전히 숱한 문인들과 만나는 중이다. 그러니 이곳을 처음 찾는 이들에게 마산과 마산 앞바다는 여전히, 나도향이 처음 보고 느꼈던 것처럼 잔잔하고 평탄한, 혹은 울렁거리며 출렁대는, 그리하여 찾는 이의 마음을 붙잡는 '내 고향 남쪽 바다'가 분명할 것이다.

마산만의 파도는 마치 한꺼번에 몰려들어 마산 시가를 씻어낼 듯이 울렁거리며 출렁대며 노했다가 성냈다가 합니다. 하늘빛이나 바다 빛이나 똑같이 시꺼멓게 흐려 그것이 저쪽 멀리 수평선 위에서 서로 합하여 하늘이 바다를 누르는지 바다가 하늘을 치받는지 위대한 세력이 그 속에서 움직거릴 뿐입니다. 가슴이 적다해도 그 파도가 모두 나의 가슴에 몰려들어 그것이 한복판에서 출렁거리는 것 같아서, 무슨 큰 힘이 누르는 것 같기고 하고, 또는 뒤흔들어 내는 것 같기도 합니다.

– 나도향, 「피 묻은 편지 몇 쪽」 본문 중에서

그러니 한때 마산을 찾았던 이름난 문인이 이곳에서 '피 묻은 편지 몇 쪽'을 썼다거나, '체향초'를 써 마음을 달랬다거나 한 것은 결코 신기한 일이 아니다. 그것들은 오로지 마산이기에 가능한 '장하고도 풍족한' 글들이었기 때문이다.

지하련(池河連, 1912~1960).

경남 거창에서 출생. 본명이 이현욱(李現郁)으로 알려져 있으나 호적상 본명은 이숙희(李淑姬)이다. 천석지기 집안의 딸로 태어나 마산에서 성장하였다. 당대의 유명 작가이자 프로문학의 대표논객이었던 임화의 두 번째 부인으로서 문단의 관심을 끌었다. 일본 동경 소화여고(昭和女高), 동경경제전문학교에서 수학(修學)하였다. 1936년 임화와 결혼. 1940년 단편 「결별」이 백철의 추천으로 『문장』(1940.12)지에 발표됨으로써 문단에 데뷔하였다. 데뷔작 「결별」은 젊은 아내와 남편의 심리적 갈등을 다룬 작품이다. 이후 발표된 지하련의 작품 세계는 섬세한 문체와 심리묘사, 특히 젊은 남녀의 내적 갈등과 미세한 감정의 움직임을 리얼하게 그리는 작품으로 비슷한 연배의 이선희, 최정희 등과 함께 당대의 여류 문인으로 인정받게 된다. 1945년 해방 직후 남편 임화와 함께 조선문학가동맹에 참여하였으며, 1947년 가을 임화와 함께 월북하였다. 1953년 8월 남로당 숙청 때 임화가 사형을 당한 후 지하련은 평안북도 회천 근처의 교화소에 수용되어 있다가 1960년에 병으로 사망한 것으로 알려져 있다. 남긴 작품으로 「결별(訣別)」, 「체향초(滯鄕抄)」, 「가을」, 「山길」, 「도정(道程)」, 「광나루」가 있으며, 월북 전후 서울에서 출판한 작품집 『도정(道程)』(백양당, 1948)이 있다.

남해, 소설의 바다

-김정한, '회나뭇골'에서 사람의 길을 찾다

회나뭇골 답사

'월광한'과 '낙일홍'의 무대

-김탁환, 노도에서 소설의 길을 묻다

따사로운 필사본 소설의 시대를 아시는지요?

서러워라, 잊혀진다는 것은

김만중, 나의 소설은 나의 무기

-남해 금산과 서정인의 '산'

이성복의 '남해 금산'

서정인의 '산'

　지도를 펴서 한반도 남쪽 바다를 찬찬히 내려다보면 여수와 거제 사이 한려해상 푸른 바다 위에 아주 어여쁜 나비 한 마리가 살포시 앉아 있는 것을 발견할 수 있다. 하동과 사천 앞바다 해안선에 닿을듯말듯 시원하게 생긴 초록나비가 날개를 활짝 펴고 앉아있는 것이다.

　‘남해도(南海島)’.

　면적 357.33㎢. 제주도, 거제도, 진도 다음으로 큰 섬이다.

　그렇지만 대개 사람들은 이 섬을 ‘남해도’라 하지 않고 그냥 ‘남해’라 부른다. 섬 이름치고 이렇게 배포가 큰 이름이 또 있을까. 섬들은 대부분 제주도, 거제도, 매물도, 보길도 등등 자기만의 이름을 따로 갖고 있다. 그러나 남해는 신라 경덕왕 (景德王) 때부터 그냥 ‘남해(南海)’ 그 자체로 불려왔다. 그러니까 이 섬이 ‘우리나라의 남쪽 바다’ 그 자체라는 것이다. 이름에 관한 생각이 이러하면 섬사람들의 배포는 어느 정도일지 사뭇 궁금해진다.

　이름이 가진 배포 때문인지, 산천이 수려하면 인물이 출중하다는 말 때문인지, 남해에서는 유난히 많은 인재가 배출되었다. 농토에 비해 인구가 많은 탓도 있겠지만, 남해 사람들의 근면성, 단결심은 자타가 공인하는 바다. 거기에 남해 사람들의 억척같은 교육열이 더해져 다양한 분야에서 빼어난 인재를 골고루 배출하게 되었을 것이다.

　게다가 남해는 예부터 유배지로 이름난 곳이다. 자암 김구(自菴 金緣, 1488~1534), 서포 김만중(西浦 金萬重,

1637~1692) 등 이름난 선비들이 정치적인 이유로 이곳으로 내쳐져 절치부심의 세월을 보냈다. 그뿐 아니다. 남해는 고려시대 삼별초의 주둔지이자 임진왜란기의 전쟁요충지였으며 이순신 장군의 순국지이기도 하다.

그래서일까, 소설의 배경으로 등장하는 남해는 사람들이 흔히 기대하듯 '따뜻하고 온화한 남쪽의 아름다운 섬마을'과는 거리가 멀다. 소설로 읽게 되는 남해의 이곳저곳은 그 아름다운 풍광이 무색할 정도로 개인의 삶과 역사적인 고통이 교차하는 지점으로서 더 큰 의미를 지닌다. 남해에서 태어나지 않았지만 이곳에서 눈부신 역작을 발표한 소설가 김정한(金廷漢, 1908~1996)의 작품에 등장하는 회나뭇골, 서정인(徐廷仁, 1936~)의 소설에 등장하는 금산(錦山), 김탁환(金琸桓, 1968~) 소설의 무대이자 서포 김만중의 유배지였던 노도(櫓島)가 바로 그러한 곳이다.

김정한, '회나뭇골'에서 사람의 길을 찾다

'삶과 글이 같았다'는 요산 김정한.

한국 현대사의 격변을 온몸으로 겪으며 살아온 올곧은 작가. 일본제국주의와 독재정권에 저항하고, 민중의 핍진한 삶에 무엇보다 깊은 애정을 보였던, 그래서 '대짝대기'라는 별명이 삶과 작품 모두에 누구보다 잘 어울리는 작가. '사람답게 살아가라. 비록 고통스러울지라도 불의에 타협한다든가 굴복해서는 안 된다. 그것은 사람이 갈 길은 아니다.'(ㅡ 김정한, 소설 「산거족」 중에서)라는 말처럼, 삶과 작품이 일치되는 지점을 누구보다 진정성 있게 추구했던 작가.

남해는 그가 1933년 9월부터 1940년 3월까지 7년 동안 교사로 생활했던 곳이다. 이곳에서 김정한은 초기 작품 7편을 집필했다. 「사하촌」(1936), 「옥심이」(1936), 「항진기」(1937), 「기로」(1938), 「그러한 남편」(1938), 「낙일홍」(1940), 「월광한」(1940)이 그것이다.

김정한은 1936년 「사하촌」으로 조선일보 신춘문예에 당선된 후 매년 꾸준히 1~2편씩 작품활동을 하다가 1940년 일제의 한글말살 정책이 본격화되자 학교에 사표를 내고 남해를 떠났다. 그때 붓을 꺾은 후 1966년까지 소설을 발표하지 않았으니 사실상 그의 초기 작품 활동은 남해에서 시작해서 남해에서 끝났다고 해도 과언이 아니다.

그런데 김정한은 우리가 익히 알고 있는 남해의 아름다운 풍광에 거의 눈을 돌리지 않았다. 남해를 배경으로 한 「월광한」(1940), 「낙일홍」(1940), 「회나뭇골 사람들」(1973) 중

어느 작품에서도 유명 관광지의 경치 운운하는 내용은 찾아
보기 힘들다. 그의 소설에 등장하는 남해는 그저 치열한 삶
의 현장일 뿐이요 불의에 맞서 투쟁하고 저항하는 공간일 뿐
이다.

사실 처음에 김정한은 남해에 오는 것을 그다지 달가워하
지 않았다. 그가 남긴 미발표 원고 「내 인생 내 문학」에 보
면, 일본 와세다 대학에 다니다가 잠시 귀국하여 양산 농민
봉기 사건에 연루되어 학업을 중단하고 남해보통공립학교에
취임하게 되었으므로 유배지에 오게 된 거나 진배없이 느꼈
다고 쓰고 있다.

그러나 막상 남해로 온 후에는 비교적 평온한 시절을 보냈
던 듯하다. 남해에서 비로소 부인과 옳은 결혼 생활을 할 수
있었고 아이도 셋이나 낳았으며 「사하촌」이 조선일보 신춘문
예에 당선되어 작가로서 의미있는 나날을 보내게도 되었다.
그러므로 이 시기 김정한이 겪고 본 일을 소재로 쓴 소설에
서 남해의 실제 장소와 현장을 읽어내는 것은 그다지 어렵지
않다.

회나뭇골 답사

김정한의 소설은 비교적 현장답사가 수월한 편이다. 사실
주의 작가답게 작품에 등장하는 공간적 배경과 실제 장소가
거의 일치하기 때문이다. 그의 소설 쓰기 방식은 인류학자
들이 현지 조사를 하듯 직접 찾아다니는 것이었다. 경험적
사실을 토대로 하기 때문에 장소도 사람도 구체적이다. 실

제 지명을 그대로 사용한 예도 많고 실제 사건을 소설로 재구성한 예도 많다.

1973년 『창작과 비평』에 발표한 「회나뭇골 사람들」은 그가 남해보통공립학교(지금의 남해초등학교)에서 근무할 때의 체험을 소설로 옮긴 것이다. 1940년대 남해에서 보고 들은 기억을 더듬어 쓴 작품일 텐데, 지금도 남해읍에서 그 현장을 지도 읽듯이 쉽게 찾아낼 수 있다.

S읍에서 대티쪽으로 빠지는 한길을 향해 선 효자문(孝子門) 뒤로 접어들면, 몇 발짝 못가서 자갈투성이인 골목 가에 커다란 회나무 한 그루가 서 있다. 그래서 이 골목짜기를 회나무 골목이라 하고, 그 일대를 회나뭇골이라 부른다. 옛날식으로 부를 때는 그저 〈서문밖〉이다. (중략) 이 회나뭇골의 보물처럼 돼 있는 회나무는 얕잡아도 삼백년은 넘었을 거란다. 둘레에는 멍석 네댓 장이 깔릴 만한 축대가 마련되어, 그곳 사람들의 정자일 뿐 아니라 때로는 모임들도 거기서 가진다.

– 김정한, 「회나뭇골 사람들」 본문 중에서

「회나뭇골 사람들」은 창씨개명이 강요되던 때 회나뭇골에 살던 박선봉 노인 가족이 겪은 일을 이야기로 엮은 작품이다. 일제 치하 천대받던 백정 집안의 이야기가 당시 우리 민족이 처해있던 역사적 현실을 극명하게 드러내준다.

소설 속 박선봉 노인이 사는 곳은 옛 남해읍성의 서문 밖에 있는 동네로 오래된 회나무가 있어 '회나뭇골'이라 부르는 곳이다. 소설에서도 자세히 묘사하고 있듯이, 옛날 남해읍 성 안에서 살던 사람들은 이곳을 '서문밖'이라고 불렀는데, 원래 백정이나 무당 같은 소위 칠천(七賤)들이 풀도 잘 안 나는 외딴 자갈밭에 옹기종기 모여 사는 곳이었다. 천인들이 사는 동네라 하여 갖은 멸시와 천대를 받아오다가 문안이 읍으로 점점 커지면서 결국 한 덩어리가 된 곳이다.

박 노인 역시 이곳에서 살아온 백정이다. 그에게는 아들이 둘 있는데 아들 세대는 백정으로 천대받지 않기를 바라는

소설에서 '효자문'이라고 부르는 '김백렬 영모문'. 남해읍 효자문 삼거리에 세워져 있다. 남해 사람들도 이곳을 '효자문'이라고 부른다.

마음으로 이름도 '선부(선비)'라고 지어 주었다. 큰아들은 큰 선부, 작은 아들은 작은 선부인 셈이다. 그러나 박 노인의 소원은 기미년 만세 운동 때 죄다 깨지고 말았다.

기미년 삼일운동이 일어났을 때 박선봉의 큰아들 선부는 투석전을 벌이며 만세운동에 앞장서다가 왜놈들의 총질에 목숨을 잃고 말았다. 피해는 큰 선부의 죽음으로 끝난 게 아니었다. 경찰은 당시 선부의 행방을 찾기 위해 박선봉의 가족을 끌고 가서 온통 반죽음으로 만들어놓고 말았다. 그때 겨우 열 살밖에 안 됐던 작은 선부는 고문으로 휘발유를 한 되나 먹고 까무러친 후 바보천치가 되고 말았고, 박선봉의 부인은 음부에 서까래만한 다루끼(통나무)가 처박히는 차마 입에 올리기 힘든 망측스런 고문을 당했다. 박선봉은 너무 분한 나머지 경찰이 보는 앞에서 소 잡는 칼을 들고 나와 직접 자신의 성기를 싹둑 잘라버렸다. 핏자국으로 마당이 벌겋게 물들었지만 다행히 죽지는 않고 남들이 비웃는 '동강자지'가 되고 말았다.

"독립하겠다고 끝까지 버틴 기 그렇게도 나쁜 일이겠소? 비록 내 아들은 죽고, 동네는 불타고 했지만 그기 모두 누구 죄겠소? 약한 백성들이 떼를 지어 일어났던 것이 그리 큰 죄가 되거든, 모두 볼기를 까 가지고 당장 이안엥이(이완용) 무덤 앞에 갑시더……."

– 김정한, 「회나뭇골 사람들」 본문 중에서

백정 박선봉이 아픈 사타구니 짬을 움켜쥐고 잿더미 속에 남은 회나무 밑에서 동네사람들을 향해 외친 말이다. 이것이야말로 식민치하의 민족적 현실과 계급적 현실을 동시에 드러내고자 한 작가의 의도를 가장 잘 드러내주는 말이다.

나라가 일제 치하 식민지로 전락했을 때 문안 사람들은 일본 경찰의 눈치를 보며 뒷걸음질 쳤다. 또 기미년에 남해 면장이 된 위인은 만세운동에 참여한 조선인 청년들을 일본 경찰에 밀고하고 높은 자리를 꿰찬 박희경이란 놈으로 매국노 이완용과 하등 다를 것이 없는 인간이었다. 그러나 소위 칠천(七賤)이라 천대받던 백정마을 사람들은 끝까지 포기하지 않고 모질게 일본 경찰에 맞서 싸웠다. 백정 박선봉의 절규에서 이 사실을 확인할 수 있다.

소설은 박선봉이 기미년에 일어났던 사건을 회상하는 하루와 그 다음날의 이야기로 이어진다. 기미년 사건 후 박선봉의 유일한 낙은 손자 명달이 자라는 모습을 지켜보는 것이었다. 그런데 다음날 저녁 끼니때가 지나고 날이 저물도록 명달이가 집으로 돌아오지 않는 것이다. 명달이 어미는 저녁 작달비 속에 아이를 찾아 헤매다가 동네 아낙의 이야기를 듣고 미친 듯이 산으로 달려간다.

— 산이라면 내 건너 일본 사람들의 신사가 있는 산을 말한다. 물론 옛날 그 고장 사람들의 당산이 있던 곳이다. 신사가 들어앉고부터는 편백이니 벚나무니 하는 귀한 나무들이 심겨지고, 관리도 면에서 직접 하고 있었다. 함부로 들어가 가지라도 잘못 꺾었

다간 혼이 난다.

마침 버찌가 익을 무렵이었다. 애들은 버찌를 주워 먹으러 갔다가 벌써 몇 번인가 야단을 들었다. 으레 가지를 상하기 때문이다.
– 김정한, 「회나뭇골 사람들」 본문 중에서

명달이 어미가 신사(神社)가 있는 산으로 달려갔을 때 명달이와 또래 회나뭇골 아이 셋이 '마치 일본 귀신에게 바쳐진 제물처럼, 신사 앞 벚나무에 따로따로 동여매어져 있었다.' 군 산림계에서 일하는 '후지다' 기수의 소행이었다. 버찌를 주워 먹은 벌로서는 너무나 가혹한 처사였다. 명달이 어미는 이빨로 질긴 밧줄들을 물어 뜯었다. 이빨 사이에서 새빨간 피가 흘러나왔다.

소설 「회나뭇골 사람들」의 이야기는 여기까지다. 많은 에피소드가 김정한의 직접적인 경험에 기반을 둔 이야기이다. 신사 주위의 벚나무에서 버찌를 따던 애들이 표독스런 일본인 산림주사에게 붙들려 해가 지도록 벚나무 밑둥치에 묶여 있었던 일도 그가 남해초등학교에서 근무할 때 실제로 일어났던 사건이다. 기미년 만세운동에 가담한 청년들을 경찰에 밀고하여 면장이 된 박희경의 이야기도 실제로 있었던 일이고, 박선봉의 작은 아들이 고문으로 휘발유를 한 되나 마셨다는 이야기도 김정한의 아들이 경남도경 사찰과에서 직접 겪은 일이다.

또 하고많은 남해의 명소를 외면하고 백정들의 마을을 소설의 공간적 배경으로 택한 것도 참으로 김정한답다. 소설의 공간이 실제 공간을 그려놓은 듯 정확하게 묘사된 것 역시 참으로 사실적이다.

소설에서는 S읍이라고 했지만, S읍이라는 표현만 제외하면 이 작품의 공간적 배경은 남해읍 서변리 131번지 일대와 거의 일치한다. 남해읍 사거리에서 화전로를 따라 남산 방향으로 가면 이동면과 남면 방향으로 갈라지는 '효자문 삼거리'가 나온다. 이 삼거리 오른쪽 길가 서변리 44-5번지에 효자문이 있는데, 1925년 10월 건립된 남해군보호문화재 '김백렬 영모문(金栢烈 永慕門)'이다. 바로 남해의 이름난 효자 김백렬(金栢烈, 1873~1917)을 기리기 위해 세운 효자문이다. 이 효자문 일대가 바로 서문 밖, 즉 서변리(西邊里)이다. 옛날 이 일대에 시내가 흘러 자갈이 많았고 450여 년 된 회나무가 있어 회나뭇골 혹은 회나무 골목으로도 불렸다고 한다.

소설에서는 이 회나무가 '신(神)이 붙은 나무'라 기미년 일본 경찰의 방화 때도 불타지 않았다고 했지만, 어느 순간 그 '신기'가 사라져 버렸는지 지금은 나무가 남아있지 않다. 남해읍 주민센터 기록에 따르면 1971년 12월 25일 어린이의 불장난으로 소실되고 말았다고 한다. 불타 없어진 서변리 131번지 자리에는 이층건물이 들어서 있다. 서변리 131-1 '생생반점' 주인의 말에 의하면 간혹 토박이 손님들이 와서 바로 옆 건물 자리에 있었던 회나무에 대해 이야기하곤 한다고 한다.

남해읍 서변리 회나무가 있었던 골목. 골목 안에 보이는 단란주점 건물이 바로 회나무가 있던 자리에 들어선 건물이다.

남변리 회관 앞에 남아있는 회나무. 부산작가회의에서 설치한 '요산 문학의 현장' 팻말이 세워져 있다. 이 회나무에서 150미터 정도 떨어진 곳에 있는 서변리 회나뭇골이 원래 소설의 배경이지만 지금은 불에 타서 흔적을 찾아볼 수 없으므로 이 자리에 대신 표지판을 세워 놓았다.

소설의 직접 현장이 된 회나무는 사라졌지만, 원래 회나무가 있던 골목에서 150미터 정도 경남도립남해대학 후문 쪽 남변리 방향으로 들어가면 수령 300년 가량 된 회나무가 한 그루 있다. 대학 후문에서 읍내 쪽으로 몇 걸음만 걸으면 찾을 수 있는 곳이다. 지난 2003년 10월 9일 부산작가회의에서 요산 김정한의 문학 현장을 찾으러 왔다가 원래 자리 대신 이 곳에다가 '요산 문학의 현장'이라는 팻말을 세워 놓았다.

회나뭇골 건너 일본 신사가 있었

던 산은 바로 효자문 삼거리에서 남산교 다리만 건너가면 남해공설운동장 뒷길로 연결되는 '남산'을 가리킨다. 신사(神社)는 남산의 동쪽 정상부에 있었다. 이 자리는 원래 조선시대까지 하늘에 제사를 지냈던 천제당지(天祭堂祉)였는데 일제가 제당을 허물고 신사(神社)를 세운 것이다. 그때 신사 터에 심었던 벚나무가 지금은 고목이 되어 우거져 있다. 지금 이 자리에는 남해 출신 전몰군경의 영령을 모시는 충혼탑이 세워져 있다. 1982년 건립한 것이다.

남산 동쪽 진입로 위편에는 3·1독립운동기념비가 세워져 있다. 소설에서 묘사한 대로 이 일대가 기미년 만세운동 때 투석전을 벌이며 치열하고 모질게 버틴 곳이었음을 입증해 주는 듯하다.

남해읍 사거리에서 남해군 종합사회복지관 방면 망운로로 올라가다 보면 복지관 가기 전 오른편에 김정한이 근무하던 남해초등학교가 나온다. 이곳에서 김정한은 제자들을 가

일제시대 신사가 있던 자리. 지금은 충혼탑이 세워져 있다.

남산 입구에 세워져 있는 3·1독립운동기념비. 기미년 독립운동 때 희생당한 영혼들을 추모하기 위해 1968년 3월 남해군에서 건립하였다.

르치며 「사하촌」 등 소설을 집필하였다. 당시 요산 김정한은 일본어보다 우리말 수업에 많은 시간을 할애했고, 내선일체 교육과 창씨개명을 거부하여 독불장군으로 불리었다. 남해에서 '소설 쓰는 김 선생'이라면 모르는 사람이 없을 정도였다고 한다.

우리말 사전과 식물도감을 손수 만든 것도 리얼리스트 요산다운 모습이었다. 부산에 있는 요산문학관에는 남해 시절 김정한이 혼자서 만든 8권의 우리말 노트와 2권의 향토식물 조사록, 문학용어사전이 남아 있다.

| 남해초등학교.
1933년부터 1939년까지 김정한은 이곳에서 근무하며 「사하촌」 등 초기 대표작들을 집필하였다.

'월광한'과 '낙일홍'의 무대

남해읍 회나뭇골과 남산, 남해초등학교 외에 남해에서 김정한 소설의 직접 무대로 등장하는 곳을 들라면 「월광한(月光恨)」(1940)의 무대가 된 남면의 선구마을과 「낙일홍(落日紅)」(1940)의 무대인 남명초등학교를 들 수 있다.

남해읍에서 19번 국도를 타고 이동면 쪽으로 가다가 1024번 지방도로 바꿔 타고 용소, 홍현, 가천 다랭이 마을을 거쳐 지나면 동그란 항아리 모양의 몽돌해안을 끼고 있는 선구마을이 나온다. 「월광한」의 S포구가 바로 이 선구마을이다. 김정한은 「월광한」을 집필하기 전인 1939년 8월, 『문장』지의 청탁으로 바다를 소재로 한 소설을 쓰기 위해 이곳에서 며칠 머물며 해녀들의 생활을 취재했다.

선구마을은 원래 제주 해녀들이 모여 살았던 곳이다. 동네 노인들의 말에 의하면 지금도 이 마을에는 해녀가 두세 사람 살고 있다고 한다.

「월광한」의 줄거리는 매우 간단하다. 젊은 말단관리가 S포구에 출장 왔다가 젊고 예쁜 해녀 은순이에게 호감을 갖게 된다. 그는 해녀들과 어울려 술도 마시고 그들의 노래와 춤을 보고 즐기기도 한다. 출장 날짜를 연기하고 포구에 머무르던 그는 어느날 달밤 은순이가 젓는 배를 타고 뻐꾸기섬으로 가면서 순간적인 일탈을 맛보게 된다. 그 순간의 감정을 소설에서는 이렇게 묘사하고 있다.

배가 뒤엎어질가 저어하던 바로 일순 전의 내 자신이 새삼스리

우습게 생각된다. 물론 바로 내 앞에서 옷깃을 휘날리며 배를 젓는 은순이에 대해서도 아무런 생각도 남아있지 않다. 삶도 죽음도 사랑도 그밖의 어떠한 것도 벌써 내 가슴을 두근거리게 할 수는 없다. 오직 영원한 달과 바다와 내 고독한 영혼만이 엄숙한 적막 속에서 이글이글 타오를 뿐이다.

– 김정한,「월광한」본문 중에서

선구마을과 바다를 사이에 두고 마주 보는 곳에 항촌마을이 있다. 가천 다랭이 마을 쪽에서 보면 선구마을 가기 직전에 나오는 마을이다. 이 마을에 연하여 '목섬'이라는 작은 섬이 있다. 소설에 나오는 뻐꾸기섬은 아마도 이 목섬을 가리키는 것인 듯하다.

제주도에서 건너온 해녀들이 살았다는 선구마을. 바다를 사이에 두고 마주보는 곳에 항촌마을과 목섬이 보인다. 소설 속 뻐꾸기 섬은 아마 이 목섬일 것이다.

　남명초등학교는 남해읍에서 1024번 지방도를 타고 남면 면소재지로 가면 남면 공설운동장 바로 옆에 있다. 김정한은 이곳에서 1939년 5월 13일부터 1940년 3월 31일까지 근무했다.

　남명초등학교 현관에 들어가면 이 학교 역대 교장들의 명단과 근무연도가 함께 게시돼 있는 것을 볼 수 있다. 이 명단 제일 위쪽에 적힌 초대 이홍주 교장(1928.02.18~1940.03.31)과 2대 교장 궁내진등(宮內眞證, みやうち, 미야우치)(40.03.31~45.05.19) 교장이 김정한의 소설 「낙일홍(落日紅)」(1940)의 실제 모델이다.

남해 남명초등학교. 1939년부터 1940년까지 1년 동안 김정한이 근무했던 곳이다. 소설 「낙일홍」의 실제 무대이다.

　「낙일홍」은 박재모라는 교사가 남명공립보통학교에서 겪은 일을 서술한 소설이다. 박재모는 6년 동안 갖은 고생 끝에 버젓한 학교 건물을 완성한다. 그러나 이 학교가 분교가 아닌 정식 학교가 되자 엉뚱한 사람이 교장으로 부임한다. 새로 온 교장은 박재모와 같이 근무하다가 문제를 일으켜 다른 곳으로 전근 갔던 일본인이다. 박재모는 일본인 교장에게 밀려 '학교 설 자리에 보리가 퍼렇다'는 '갈고지'로 발령이 난다.

주인공 박재모의 실제 모델인 초대교장 이주홍은 남명보통학교에서 무려 12년 동안이나 근무한 교사였다. 그런데 갑자기 엉뚱한 일본인 교사가 교장으로 부임하게 된 것이다. 김정한의 회고에 의하면 그때 학부형들이 일본인 교장을 배척하는 반대운동을 맹렬히 벌이기도 했다고 한다.(김정한, 「문학과 인생」, 『한국인』 1985년 1월호)

소설 속에서 일본인 교장에게 밀려 오지 학교로 쫓겨가게 된 박재모 선생은 속으로 이렇게 되뇌인다.

마치 악몽(惡夢)을 깬 듯하였다. 뉘엿뉘엿한 낙일(落日)이 일찍 보지 못했을 만큼 붉고 아름다웁게 빛나보였다.

'좌천(左遷)이든 뭐든 좋다. 어서 갈고지나 가서 갯놈 애들하구 고기나 잡고 지내자!'

— 김정한, 「낙일홍」 본문 중에서

여기에서 '갈고지'란 남해 고현면 갈화리(葛花里)의 원래 지명이다. 그리고 박재모가 발령받아 가게 된 '갈고지'의 학교는 옛 고현초등학교 갈화분교를 가리킨다. 김정한이 「낙일홍」을 쓰기 직전인 1939년에 갈화분교가 고현공립심상소

학교 부설 간이학교로 출발하였으므로, 소설 줄거리와 실제 이야기가 거의 일치함을 알 수 있다.

갈화분교는 1999년 폐교되었고 지금은 '남해삼베마을'로 운영되고 있다. 남해대교에서 19번 국도를 타고 오다가 고현면에서 77번 도로를 타고 서면 방향으로 가다보면 들를 수 있다.

박재모가 아름답게 빛나는 낙일을 보면서 깨달은 사실은 피식민지의 지식인이었던 김정한 본인의 깨달음과 다르지 않았을 것이다. 박재모처럼 제대로 된 교사가 되고자 했던 소설가, 민족과 민중의 문제에 대해 정직하게 이야기할 수 있는 사실적인 소설을 쓰고자 했던 작가 김정한은, 그리하여 바로 이 해에 일제의 한글말살정책에 항거하여 망설임 없이 사표를 던지고 만다. 식민지 치하에서 일본말로 글을 쓰고 일본어를 가르치는 것은 결코 '사람이 갈 길'이 아니었기에 비록 고통스러울지라도 불의에 타협하거나 굴복해서는 안 된다는 마음 하나로 과감히 7년간 이어온 교직을 포기하였던 것이다. 그리고 동아일보 동래지국을 인수하여 가족과 함께 남해를 떠난다. 동래에서 지국 일에 전념하던 그는 그러나 곧바로 치안유지법 위반으로 일본 경찰에 검거되고 만다.

한 사람의 소설가에게 자기 소설의 공간적 배경이 되는 장소는 어떤 의미를 지닐까? 어쩌면 자기가 나고 자란 고향보다 더 중요한 의미를 지니지 않을까? 더구나 김정한처럼 언제나 구체적인 장소성에 기반을 둔 실재적 체험을 소설화한 작가에게 그 장소의 의미는 그의 소설세계를 이해하는 근본적인 출발점이라 할 수 있을 것이다.

남해에서 떠난 후 요산은 무려 26년 동안 절필(絶筆)하였다. 그가 남해에서 마지막 1년을 보내며 「낙일홍」과 「월광한」을 썼던 집은 옛날 술도가 집터였다고 한다. 남명초등학교에서 나와 남면 면사무소 쪽으로 가다 보면 파출소가 나오는데 바로 이 파출소 건너편 당항리 1386번지 일대가 옛날 요산이 살았던 집터 자리이다. 지금은 단란주점과 다방이 들어서 있어 당시 모습을 찾아볼 수 없다. 그러나 이곳에서 절필 직전 마지막 작품을 썼던 1년간이 요산 김정한의 삶에서 가장 중요한 깨달음의 한 시기였음에는 이견의 여지가 없을 터, 민족의 현실을 직시하고 식민지 지식인으로서의 자각을 자신이 보고 겪은 그대로 소설로 옮긴 사실주의 작가의

❙ 요산이 남명초등학교에 다닐 때 살았던 집터. 남면 파출소 건너편에 있다. 지금은 다방과 단란주점이 들어서 있지만 옛날에는 이곳에 술도가 집터가 있었다고 한다.

흔적을 남해 사람들의 실제 삶터 속에서 찾고 만날 수 있다는 사실이 그나마 위로가 된다.

과연 사람답게 사는 것은 무엇일까. 소설가 김정한을 사람답게 만드는 소설 쓰기는 어떤 것이었을까. 1933년부터 1940년까지 남해에서 보낸 7년은 아마도 이런 질문에 대한 치열한 답 찾기 과정이었을 것이다.

김탁환, 노도에서 소설의 길을 묻다

소설가 김정한에게 회나뭇골과 선구마을 등 남해 일대가 일제 치하에서 사람답게 살기, 혹은 사람다운 소설 쓰기에 대한 질문과 답을 찾아가는 공간이었다면, 김탁환(金琸桓, 1968~)에게 남해 노도(櫓島)는 역사 속에서 명멸해간 인물들의 삶을 통해 인생과 소설의 여러 문제에 대한 해답을 찾아가는 공간이다.

잘 알려져 있듯이 김탁환은 등단 이후 줄곧 역사소설 집필에 치중하여 왔다. 계속해서 역사소설을 쓰는 이유에 대해 그는 최근 인터뷰에서 그저 '인생이 궁금하기 때문'이라고 이야기한 바 있다. 현대를 사는 것과 중세를 사는 것 사이에는 분명 큰 차이가 있지만, 인생의 근본적인 문제와 고민에는 비슷한 점이 많다는 것, 그래서 어떤 특정 문제에 대한 의문이 생기면 '이 문제는 어느 시기의 누구를 잡고 이야기를 하는 게 좋을까' 하는 생각으로 역사 속의 인물을 재구성한다는 것이다.

남해 노도(櫓島)를 무대로 한 역사추리소설『서러워라, 잊혀진다는 것은』(2002)은 현대의 소설가 김탁환이 17세기의 매설가(賣說家, 소설가) 모독의 입을 빌려 당대의 지식인 김만중(金萬重, 1637~1692)에게 소설이란 무엇인가, 소설은 무엇을 담을 수 있는가, 소설은 무엇을 할 수 있는가를 묻는 작품이다. 김탁환은 이 작품에서 17세기 소설의 집필 양상과 주제 방향 등 조선 후기 소설에서 찾아볼 수 있는 제 현상을 뒤쫓음으로써 시대를 초월하여 통용되는 서사의 본질에 대해 효과적으로 탐구하고 있다.

따사로운 필사본 소설의 시대를 아시는지요?

17세기는 과연 소설의 시대였다. 「홍길동전」, 「구운몽」, 「사씨남정기」, 「숙향전」, 「최척전」, 「창선감의록」 등 숱한 고소설이 이 시기에 창작되고 필사되어 독자들의 눈과 마음을 매료시켰다. 독자가 늘어나면서 소설은 거듭 필사되었는데, 필사자의 개작도 가능했기 때문에 인기 정도에 따라 이본(異本)도 계속해서 생겨났다. 장터 등 사람들의 왕래가 많은 곳에 자리 잡고 소설을 읽어주는 직업적인 낭독자 즉 전기수(傳奇叟)도 등장했다. 이들은 흥미로운 대목에서 소리를 멈추고 청중이 돈을 던져주도록 기다려 사람들의 애간장을 태웠다. 필사본 소설, 그 중에서도 특히 대장편류를 많이 모아 놓고 빌려주면서 돈을 버는 세책가(貰冊家)의 영업도 번창해서 새로운 작품이 다수 창작되게 하는 환경을 제공하였다.

소설의 영리적 유통이 확대되면서 서민층에서 나온 직업적 작가도 많아졌다. 양반층에서도 간혹 소설을 쓰는 작가가 나왔겠지만, 서민이건 양반이건 특히 국문소설에서 작가의 이름을 밝힌 예는 거의 없다. 소설을 짓는 일이 명예롭지 못하다고 여겨 이름을 숨겼기 때문이다. 아마도 당시 국문소설 작가는 김탁환의 소설에서 칭하듯 단순한 '매설가(賣說家)' 즉 '이야기를 파는 사람'쯤으로 여겨졌을 것이다.

김탁환의 소설 『서러워라, 잊혀진다는 것은』은 이러한 시대에 있었을 법한 당시 문단, 즉 세책가와 매설가의 이야기를 역사적 실존인물 서포 김만중의 이야기와 한데 묶어 재구성하면서, 소설이란 무엇이며 소설로 어떤 일을 할 수 있는지, 소설가란 어떤 존재인지에 대해 질문하고 있다.

소설가란 어떤 존재인가 하는 물음은 김탁환의 다른 작품에서도 일관되어온 주제다. 『서러워라, 잊혀진다는 것은』에 앞서 발표된 『허균, 최후의 19일』(1999)에서도 저자는 17세기 파란 많은 역사 속에 스러져 간 홍길동전의 작가 허균(許筠, 1569~1618)의 삶과 생각을 추적한 바 있다. 허균이 처형장에서 최후를 맞는 순간에서 출발하여 19일 전까지, 시간을 거슬러 올라가면서 허균의 죽음에 얽힌 비밀을 파헤치는 독특한 구성의 이 소설에서 저자의 관심은 17세기 지식인, 특히 최초의 국문소설을 썼던 소설가 허균의 사유를 이해하는 데 집중되어 있었다.

김탁환의 대표적인 두 소설에 등장하는 주인공 김만중과 허균의 공통점은 두 사람 모두 17세기 필사본 시대에 소설을 쓴 사대부라는 점, 그리고 당대의 사대부들이 기피하던 소설을 적극 자신들의 무기로 삼았다는 점에 있을 것이다.

그렇다면 왜 하필 17세기인가.

저자가 김만중이나 허균 같은 문인의 삶과 글쓰기에 집중한 이유는 무엇보다 시대를 초월하여 글 쓰는 자가 가져야 할 소명은 무엇이며, 무엇이 글 쓰는 이로 하여금 목숨을 걸고 쓰게 하는지를 알고 싶었기 때문이다. 그리고 그러한 질문에 가장 부합하는 시대가 바로 17세기 — '따사로운 필사본 소설의 시대', '소설광(小說狂)들의 시대'였기 때문이다.

따사로운 필사본 소설의 시대를 아시는지요?

시집가는 딸에게 소설을 필사해주던 아버지, 사랑하는 아내에게 선물하기 위해 밤을 새워 소설을 베끼던 남편, 유언 대신 젊은 시절 옮겨두었던 소설을 남긴 할머니. 그 시절 소설은 단순히 몇 천원짜리 상품이 아니라 마음과 마음을 이어주는 정(情)의 공간이었지요. 소설이 좋아서 그 소설을 필사하는 독자들은 말 그대로 소설광(小說狂)일 겁니다.

   – 김탁환, 「작가의 말」, 『서러워라, 잊혀진다는 것은』 본문 중에서

소설광(小說狂)의 시대, 필사본 하나하나에 쏟은 독자들의 마음을 떠올리며, 21세기 디지털 시대의 소설가 김탁환이 17세기 필사본 시대의 소설가 김만중과 나누는 대화.

저자는 이 소설에 추리적 기법을 적용함으로써 서포 김만중이 「사씨남정기」를 창작하던 시절의 이야기를 좀 더 실감 나게 전하고자 하였다. 사실 서포의 마지막 나날 자체가 추리소설이라 해도 손색이 없을 만큼 다양한 복선과 긴장으로 점철된 기간이기도 했다.

서러워라, 잊혀진다는 것은

『서러워라, 잊혀진다는 것은』은 조선조 숙종 시절 인현왕후를 몰아내고 중궁전을 차지한 장희빈과 남인 세력, 그에 맞서 권력 투쟁을 벌였던 서인의 대결 속에서 숙종을 향한 충고를 담은 서포 김만중의 소설 「사씨남정기」를 둘러싼 이야기이다.

이야기는 매설가(賣說家) 모독(冒瀆)이 장희빈의 오라비인 장희재가 보낸 종사관 박운동(朴雲動)과 황매우(黃梅雨)에게 납치되는 장면으로 시작된다. 때는 우암 송시열(尤庵 宋時烈, 1607~1689)이 사사된 지 2년 뒤인 신미년(辛未年, 1691) 10월 23일 정야(丁夜, 새벽 2시). 모독은 인왕산에서 자신의 스승 졸수재 조성기(拙修齋 趙聖期, 1638~1689)가 쓴 금서(禁書) 「창선감의록(彰善感義錄)」을 읽다가 납치되었다.

장희재가 모독을 납치한 것은 그가 노도(櫓島)에 유배돼 있는 김만중의 서찰을 받았기 때문이다. 모독은 연의소설(演義小說)을 주로 쓰는 매설가이다. 청학동에서 졸수재를 스승으로 모시고 지내던 중 「구운몽」을 읽고 선천(宣川)에 가서 김만중을 만난 인연으로 남해에 다녀가라는 내용의 서찰을 받아놓은 터였다. 중전 장씨와 장희재는 그런 모독을 이용하여 김만중을 없앨 명분을 찾고자 하였다.

중전 장씨는 누구보다 소설을 좋아하고 소설을 즐겨 읽는 소설광이었다. 한때 모독의 애독자이기도 했던 그녀는, 그러기에 소설의 영향력을 누구보다 잘 알고 있었다. 하여 김만중이 중전을 조롱하는 소설을 짓고 있는 사실을 알고는 모독을 위협하여 「구운몽」에 이은 새 소설 즉 서포의 '열 번째 구름'을 빼내오도록 시킨 것이다.

모독은 서포의 목숨과 열 번째 구름을 지키기 위해 남해로 내려가기로 한다. 그에게는 남해에 가서 꼭 마무리해야 할 중요한 일이 한 가지 더 있었다. 그것은 바로 서포 김만중을 주인공으로 하는 소설을 완성하는 일이었다.

드디어 소설의 공간이 남해로 옮겨가게 된다. 모독은 10년 전에도 남해로 들어가는 노량의 좁은 바닷길을 건넌 적이 있다. 충무공 이순신의 장렬한 최후를 담은 소설 「필멸」의 현장을 답사하기 위해서였다.

이쯤 되면 독자들은 『서러워라, 잊혀진다는 것은』의 주인공 모독이 바로 지은이 김탁환의 분신임을 눈치 채게 된다. 소설에서 열거하고 있는 모독의 대표작 「정유록」, 「필멸」, 「허봉의 마지막 나날」, 「두만강」, 「무릉평전」 등 기시감 짙은 제목들이 이 사실을 뒷받쳐 준다.

이후 줄거리는 전형적인 추리소설의 형식을 따라 전개된다.

김만중을 따라 남해 노도의 유배처로 따라간 모독은 장희재가 보낸 종사관 박운동의 감시 하에 새 소설 즉 '서포의 열 번째 구름'이 정말로 존재하는지 찾기 시작한다. 그런데 서포의 열 번째 구름을 찾는 이는 모독만이 아니다. 졸수재의 제자이자 모독의 약혼녀였던 남채봉도 서포의 열 번째 구름을 찾기 위해 노도로 들어와 있다. 그녀는 이름까지 백능파로 바꾸고 노도로 들어와 호시탐탐 서포의 새 소설을 찾고 있다.

백능파 즉 남채봉의 목적은 단 하나. 김만중의 '열 번째 구름'이 되는 것이다. 김만중의 다음 작품을 훔쳐서 자기 것으로 만드는 것. 그녀는 졸수재가 세상을 떠나던 날에도 「창선감의록」을 훔쳐 종적을 감춘 전력이 있다. 그 후 채 석 달이 되기도 전에 「창선감의록」을 베껴 쓴 「화진전」이 세책방에 나돌았다.

그러나 새 소설은 쉽게 찾아지지 않았다. 두 사람은 소설 찾기에 혈안이 되어 김만중이 남해 향교나 용문사로 출타할 때마다 집안을 뒤졌지만, 어디에서도 소설은 나오지 않았다.

그러던 중 김만중의 초옥에 불이 나고 불길 속에서 김만중을 구해내는 위급상황에서 비로소 소설의 존재가 확인된다. 그러나 소설은 순식간에 백능파에게로, 다시 박운동에게로 넘어가고, 얼마 후 박운동의 시신이 남해 바다에 떠오른다. 남해 향교에 갔다가 맹인 흑암의 배를 타고 돌아온 김만중의 손에는 도둑맞았던 소설 「사씨남정기」가 다시 들려있었다.

이후 전개되는 내용은 더욱 손에 땀을 쥐게 한다. 김만중이 병으로 죽은 직후 모독은 백능파의 독에 쓰러진다. 백능파는 목적했던 열 번째 구름을 갖고 사라지지만, 그녀 역시 장희재가 보낸 황매우의 칼에 목숨을 잃는다. 그러나 중전 장씨 앞에 내놓은 황매우의 보자기 안에는 엉뚱한 소설이 들어 있었다. 그것은 모독이 쓴 소설, 김만중이 「서포척살전말기(西浦刺殺顚末記)」라 명명하라 충고했던 『서러워라, 잊혀진다는 것은』이었다.

김만중은 죽었다. 백능파도 죽었다. 남해 현령 조상덕과 장졸들도 모두 죽었다. 「사씨남정기」는 사라졌다. 노도에 있는 사람 모두가 죽었는데 소설은 없다. 소설은 어디에 있을까?

얼마 후 장님이 된 강담사 모독이 김춘택의 집을 찾는다. 김만중의 열 번째 구름 「사씨남정기」가 드디어 세상에 등장하게 되는 것이다. 김만중과 그의 소설에 대한 김탁환의 소설 『서러워라, 잊혀진다는 것은』도 이렇게 끝이 난다.

김만중, 나의 소설은 나의 무기

두 소설 『서러워라, 잊혀진다는 것은』과 「사씨남정기」에 관계된 모든 사건은 소설의 주 무대인 남해도로 들어서면서부터 시작된다. 남해향교(南海鄕校), 용문사(龍門寺), 노도(櫓島) 등 김만중의 발길이 닿은 곳이 결국 소설의 무대이다.

모독의 여정을 따라 노량 앞바다를 건너 노도로 가는 길, 제일 먼저 만나게 되는 곳이 바로 남해향교이다. 소설에서 묘사한 대로라면, 서포는 한 달에 한두 번 이곳에 들러 서책을 구하고 한양 소식을 듣곤 하였다. 모독의 예상과 달리 서포는 노도와 남해를 자유롭게 오가고 있었다. 남해 현령 조상덕의 배려였다.

"노도에 갇혀 지내신다고 들었습니다만……."

"남해까지는 나올 수 있다네. 어차피 남해도 육지와 떨어져 있는 섬이니까. 서책을 구하고 한양 소식도 듣고 싶어 한 달에 한두 번은 남해 향교 출입을 하지. 아예 옮겨와 살라는 이도 있지만 난 노도가 좋으이. 혼자 조용히 생각들을 정리하고 글을 쓸 수 있으니 말일세.

　　　　　　－ 김탁환, 『서러워라, 잊혀진다는 것은』 본문 중에서

남해대교를 통과하여 19번 국도로 가다가 남해읍 입구에 다다르면 남해병원 삼거리가 나온다. 이곳에서 직진하다가

처음 만나는 사거리에서 오른쪽 유림2리 방향으로 올라가면 골목 끝에 남해향교가 있다. 1450년(문종 원년)에 지었다가 임진왜란 때 불타 없어진 것을 수차례 중수하고 이전하여 지금의 모습으로 전하고 있다.

조선시대 유배지 중에서도 가장 궁벽한 곳이라 할 수 있는 남해 작은 섬에 어떻게 이처럼 큰 규모의 향교가 세워져 있는지 감탄이 절로 나온다. 고색창연한 홍살문과 외삼문, 남해향교 현판이 우선 눈길을 사로잡는다. 지금도 여전히 유림의 발길이 끊이지 않는 곳이라는 느낌이 확연히 든다.

외삼문을 지나 안으로 들어서면 널찍한 마당을 사이로 명륜당과 동재(東齋), 서재(西齋)가 규모있게 앉아있고, 명륜당 뒤쪽 내삼문을 지나면 공자를 비롯한 중국의 5성, 송조 6현, 최치원을 비롯한 한국 18현의 위패가 봉안되어 있는 대성전이 나온다. 향교 안팎의 대숲, 나무들, 오래된 돌담

| 남해 향교. 서포 김만중이 한 달에 한두 번 서책도 구하고 한양 소식도 듣기 위해 출입하던 곳이다

과 잘 어우러진 덩굴이 고즈넉하면서 편안한 분위기를 자아

낸다. 남해군에서는 지금도 이곳에서 매년 봄 석전제(釋奠

祭)를 봉행하고 있다.

유배지의 도서관 남해향교를 나와 19번 국도로 계속 직진

하다가 신전삼거리에서 1024번 지방도로 길을 바꿔 우회전

하면 남해에서 가장 예쁜 바다 앵강만(鶯江灣)과 만나게 된

다. 용문사(龍門寺)는 바로 이 앵강만을 굽어보는 호구산(虎

丘山) 기슭에 앉아 있다. 진입로에는 용소리 미국마을이 조

성돼 있다. 용문사의 사하촌(寺下村)인 셈이다

소설에서는 서포가 처음 남해로 유배 왔을 때 현령 조상덕

이 그를 위해 용문사 근방에 초가로 적사(謫舍)를 마련해 주

었다고 쓰고 있다. 이는 아마도 서포가 남긴 시 「남해적사유

고목죽림유감우심작시(南海謫舍有古木竹林有感于心作詩)」의

내용을 감안한 설정일 것이다. 김만중은 이곳에서 한 달 남

짓 묵은 후 노도로 거처를 옮겼다. 그 후로 용문사는 김만중

이 남해 향교를 오갈 때 잠시 머무르는 임시거처 노릇을 하

게 된다.

용문사는 쌍계사의 말사이다. 신라 문무왕 3년(서기 663

년)에 원효대사가 지은 보광사(普光寺)를 전신으로 하고 있

으니 그 세월이 아득하게 오래 되었음을 알 수 있다. 임진왜

란 이후 호국도량으로 널리 알려져 숙종 때 수국사(守國寺)

로 지정되어 왕실의 보호를 받았다.

용소리마을 아래에 앵강만 바다를 내려놓고 호구산으로 걸

어 올라가는 길, 미국마을을 통과하여 용문사 주차장에 이르

면 최근 세운 서포 김만중 조각상과 시비가 눈길을 끈다.

龍門山上同根樹　　용문산 위에 있는 같은 뿌리의 나무
枝桐摧頹半死生　　가지는 꺾이고 시들어 죽었는지 살았는지
生者風霜不相貸　　산 가지는 풍상이 너그럽게 보아주지 않고
死猶斧斤日丁丁　　죽은 가지도 오히려 날마다 도끼가 찍어대네
億我弟兄無故日　　생각하노니 우리 형제 탈 없던 날
綵服塤箎慈顏悅　　색동옷 입고 재롱부리면 어머니 기뻐하셨지
母年八十無人將　　어머니 나이가 여든인데 돌볼 사람 없으니
幽明飮恨何時歇　　이승과 저승에서 머금은 한 어느 때나 그칠까
　- 김만중, 「남해적사유고목죽림유감우심작시(南海謫舍有古木
　　　　　　　　　　　　　　　竹林有感于心作詩)」其一

┃ 남해 용문사(龍門寺) 주차장에 있는 서포 김만중 조각상과 시비. 어머니와 형제
들을 그리워하는 애틋한 내용의 시가 새겨져 있다.

김만중 조각상과 시비를 등지고 앵강만(鸎江灣)을 내려다
보면, 아! 정말 그림같이 아름다운 바다와 노도의 모습이 한
눈에 들어온다. 어쩌면 남해에서 노도를 가장 아름답게 볼
수 있는 곳일 것이다.

바다를 등지고 호구산을 오르는 길. 등 뒤쪽의 바다가 숲
에 가려 손바닥만 해질 때쯤 용문사가 눈앞에 나타난다. 지
세를 잘 읽지 못하는 사람이라도 용문사 절터가 이 산세의
중심부에 잘 앉아 있다는 사실을 단박에 알 수 있다.

남해 호구산 용문사. 서포가 노도에서 남해로 나올 때면 임시 거처로 사용했던 곳
으로 등장한다.

모독과 서포의 길을 따라 찾아온 남해향교와 용문사는 소
설의 배경이 아니더라도 일삼아 찾아볼 만한 곳들이다. 유배
지에서 보낸 서포의 말년이 유가적 무게중심을 유지하며 불
교적 세계관을 지향했다는 것은 누구나 다 아는 사실인 바,
그러한 사실을 공간적으로 표현할 수 있었던 것은 남해향교

나 용문사 같은 특별한 공간이 있었기에 가능했을 것이다.

이 외에도 소설의 배경이 되는 곳이 남해 곳곳에 있지만, 역시 가장 중심이 되는 공간은 앵강만의 한 점 섬 '노도(櫓島)'이다.

남해를 관광하기 위해 들어오는 사람들은 대부분 금산 보리암이나 가천 다랭이마을을 손에 꼽지만, 남해 사람들은 앵강만의 경관을 최고로 친다. 앵강(鶯江), '꾀꼬리의 강'이라는 요령부득의 이름을 가진, 나비의 양 날개 사이에 걸쳐 있는 바다 끝자리에 삿갓 모양의 작은 섬 노도가 있다. 일찍이 조선 중종 때 남해에 유배되었던 자암 김구(自菴 金絿, 1488~1534)가 '일점선도(一點仙島)' 즉 '한 점, 신선의 섬'이라고 불렀을 만큼 아름다운, 유배지 중의 유배지였던 남해. 노도는 바로 그 '섬 안의 섬'이다.

벽련마을 입구에서 바라본 노도(櫓島). 옛날 이곳에서 배 젓는 노를 많이 생산했다 하여 '노도(櫓島)'라 부른다. 서포 김만중은 1689년 이곳으로 유배 와서 1692년 이곳에서 생을 마감하였다. 유배기간 동안 「사씨남정기」와 「서포만필」을 집필하였다.

김만중은 배로 남해에 들어와 또다시 배를 타고 '섬 속의 섬'에 갇혔다. 남해에서도 가장 깊고 먼 섬으로 가극안치의 유배를 당한 것이다. 남인과 서인의 치열한 정쟁. 그 와중에 옳다고 믿는 일을 위해 목숨을 건 탄핵을 마다하지 않았던 그는 이곳 노도의 초옥에서 유배 살다가 3년 만에 세상을 떠났다.

지금도 노도는 궁벽진 곳이다. 전체 면적 0.41㎢, 아주 작은 섬이다. 주민이라야 고작 열대여섯 가구, 작은 텃밭 일구며 사는 노인들의 살림이니 정기적으로 드나드는 배가 있을 리 만무하다. 섬의 북쪽 선착장 건너편 벽련마을에서 낚싯배를 빌려 타야 건너갈 수 있다.

선착장에 닿자마자 '서포김만중선생유허비'와 만나게 된다. 김만중은 1689년(숙종 15년) 이곳으로 유배 와서, 1692년(숙종 18년) 56세에 이곳에서 생을 마감했다. 유배 기간 동안 「사씨남정기」와 『서포만필』을 집필하였다.

| 노도 선착장 바로 앞에 세워져 있는 '서포김만중선생유허비'.

선착장에서 마을로 들어가 폐교된 노도분교 뒤쪽 오솔길을 따라 15분쯤 걸어가면 길이 세 갈래로 나뉘는 갈림길을 만나게 된다. 이 갈림길에서 오른쪽 비탈진 돌계단 길로 5분 남짓 올라가면 김만중의 시신을 6개월 동안 임시로 매장했던 허묘(墟墓)가 있다. '김만중 선생 무덤자리. 서포 선생이 돌아가신 후 숙종 18년(1692년) 4월 동년 9월까지 묻혔던 곳이다.'라

| 노도에 있는 김만중의 허묘. 남해청년회의소에서 돌계단과 비석을 세워 무덤자리를 표시해 놓았다.

고 새긴 화강암 비석이 묏자리 앞에 놓여 있다.

여기에서 갈림길로 다시 내려와 가던 방향으로 200미터 정도 더 걸어가면 김만중이 3년간 살았던 유배지 터가 나온다. 선착장 주변 양아리 마을에서 20분 정도는 걸어 들어와야 하는 곳이다. 그나마도 길에서 비탈진 산길로 올라서야 찾을 수 있는 곳에 초옥이 있다. 이렇게 밭뙈기 하나 일굴

174

여유도 없는 비탈진 곳에서 민가와 뚝 떨어져 외롭고 높고 쓸쓸하게 지냈던 모양이다. 서포는….

삼간초옥이 아담하게 복원되어 있다. 산을 등지고 바다를 내려다보며 외롭게 자리 잡은 초옥 주변에는 울타리 대신 동백나무가 빽빽하게 자라 있고, 초옥 마당을 가로질러 동백 울타리 틈새에 놓인 통나무다리를 지나 10미터쯤 더 가면 삼백여 년 전 서포가 직접 팠다는 우물이 아직까지 남아 있다.

노도에 있는 김만중의 유배지. 삼간초옥이 복원되어 있다.

김만중에 직접 팠다고 하는 우물. 지금도 물이 흐르고 있다.

그런데 이렇게 노도 선착장에서 20여분이나 걸어서 초옥 터까지 가는 길은 조금 둘러가는 길이다. 서포가 살았던 초옥에서 바로 해안의 갯바위 쪽으로 내려가는 길도 있다. 이 길로 내려가면 초옥 바로 아래쪽 해안에 배를 멜 만한 갯바위가 나온다. 바다 건너 두모마을이 바라다 보이는 방향이다. 소설에서는 서포가 이 길을 더 좋아했다고 쓰고 있다.

노도로 드는 길은 두 가지다. 어부들이 모여 사는 서쪽 대숲은

내리기에는 용이하지만 서포의 초옥에 닿으려면 비탈길을 한참 걸어야 했다. 방금 야거리가 닿은 갯바위는 초옥과는 거리는 가깝지만 매우 가파르고 돌이 많았다. 김만중은 서쪽 대숲보다 갯바위를 더 좋아했다. 남해 향교에서 얻은 서책을 한시라도 빨리 펴보고 싶은 욕심 때문이었다.

— 김탁환, 『서러워라, 잊혀진다는 것은』본문 중에서

서포가 굳이 이렇게 비탈진 곳에 초옥을 지은 또 다른 이유는 바로 이곳에서 남해 금산의 아름다운 모습을 바라볼 수 있기 때문이다. 사실 노도에서 금산이 가장 잘 보이는 곳은 바로 유배지 터의 우물이 있는 자리이다. 우물 앞에 서면 금산의 이마가 기기묘묘한 바위들로 빛나는 모습을 시원하게 조망할 수 있다.

옅은 구름 사이로 금산의 기기묘묘한 바위들이 언뜻언뜻 모습을 드러냈다.

"저 바위들을 보오. 참 아름답지 않소?"

모독의 눈이 점점 더 커졌다.

"처음 노도에 왔을 때, 대감이 왜 이렇게 비탈진 길을 올라 풀숲을 헤친 후에야 닿을 수 잇는 곳에 초옥을 마련했을까 의아했었다오. 답은 저 금산에 있었소. 대감은 바로 금산을 조금이라도 더 잘 보기 위해 어부들이 사는 저 아래쪽 대숲이 아니라 비탈길을 한참이나 올라오신 게요."

— 김탁환, 『서러워라, 잊혀진다는 것은』본문 중에서

유배지 초옥에서 바다 쪽으로 내려가면 바로 나오는 갯바위. 소설에서는 김만중이 흑암의 배를 타고 노도와 남해를 오갈 때 오르내리던 장소로 등장한다.

서포의 유배지 터에서 바라본 남해 금산. 노도에서 금산을 가장 시원하게 볼 수 있는 곳이다.

금산이 바로 코앞인 듯 가까이 보이는 이곳 유배지의 초옥에서 모독은 서포에게 정말 중요한 질문을 던지게 된다. 서포가 「사씨남정기」를 완성한 후, 모독은 열흘 동안 무려 열 번이나 「사씨남정기」를 통독했다. 서포가 모독에게 독후감을 청한 날, 모독은 「사씨남정기」에서 포착되는 매설가의 높은 목소리와 의도를 지적하며 과연 소설이 무엇인가를 묻는다.

"소설의 정의를 내게 묻는 겐가?"

"그렇습니다. 대감께서는 과연 소설이 무엇이라고 생각하시는지요? 소생은 지금까지 소설이 타인의 마음을 어루만지며 기쁨과 슬픔을 함께 나누는 공간이라고 믿어왔습니다. 헌데 대감께서는 소설을 날카로운 창이나 칼로도 쓸 수 있다고 보시는 것 같습니다. 과연 소설은 타인을 저주하고 목숨을 빼앗는 무기가 될 수 있을까요?(중략)"

"내 소설에 국한시켜 답하자면, 옳게 보았네. 난 「사씨남정기」를 장옥정과 그 패거리의 악행을 세상에 널리 알리기 위해 지었네. 소설이 무기일 수도 있다고 생각한다네. (중략) 확실히 「사씨남정기」는 「구운몽」과 다른 소설이네. 자네 말대로 지금 이 나라 사정을 직접적으로 빗대어 썼지. 지나치게 직접적이지 않느냐고 비판할 수도 있겠지만 그렇게 해야 읽는 사람으로 하여금 더욱 분한 기운을 불러일으킬 수 있지 않겠는가? 임금이 임금답고 신하가 신하답고 아비가 아비답고 자식이 자식답지 못하다면 어찌 한 나라가 제대로 다스려질 수 있겠는가? 지금 내겐 나의 소설이 나의 무기일세. 마지막 동앗줄이라고 보아도 좋고."

– 김탁환, 『서러워라, 잊혀진다는 것은』 본문 중에서

김탁환은 이 소설에서 「사씨남정기」의 행방을 뒤쫓는 모독, 백능파, 박운동, 흑암 등의 행적 못지않게 이 질문과 답변에 큰 비중을 두고 있다.

지금 모독이 서포에게 던진 질문은 지리산 청학동에서 졸수재 조성기의 문하에 있을 때부터 늘 그의 뒷목을 붙잡던 바로 그 질문이다. 모독은 자신이 짓는 소설이 언제나 외곽을 건드릴 뿐 중심의 문제는 건드리지 못하는 별전(別傳)에 불과하다는 생각 때문에 힘들어했다. 세상의 참된 도(道)와 곧바로 맞닿아 있는 본전(本傳)으로서의 소설은 정녕 불가능한 것인가. 그때 졸수재는 소설이 별전이기 때문에 오히여 도에 다가설 수 있는 것이라고 가르쳐 주었다. 또 소설이 제 분수를 잃고 본전의 자리, 즉 대설(大說)의 자리를 탐한다면 그 순간 바로 망나니의 칼날이 들이킬 거라 경고했었다.

그런데 지금 김만중은 자신의 소설이 바로 자신의 무기임

을 천명하고 있다. 별전에 불과한 소설을 이용하여 본전을 능가하는 파괴력으로 세상을 바꾸려 하고 있는 것이다.

그는 유배지 중의 유배지 노도에서, 한시도 아니고 상소문도 아닌 소설을 자신의 마지막 장르로 택하였다. 보통 작가들은 나이가 들면 달관의 흉내를 내는 법. 반면 서포는 죽음을 목전에 둔 최후의 순간까지 날선 창과 칼을 휘두르는 집념으로 소설을 썼다. 망나니의 칼날을 두려워하지 않는 기개였다. 그 결과를 역사는 증명한다. 「사씨남정기」의 의도된 결말처럼 착한 본처 인현왕후는 복위되고 악한 첩 장씨는 중궁전에서 쫓겨났다. 본전을 능가하는 별전의 힘이 아닐 수 없다. 김탁환이 서포에게 질문한 소설의 길이 바로 여기에 있다.

이제 진수(陳壽)의 사전(史傳)이나 온공(溫公, 사마광)의 통감(通鑑, 자치통감)을 가지고 여러 사람을 모아놓고 이야기를 하여도 눈물을 흘리는 사람은 없을 것이다. 이것이 통속소설을 짓는 까닭이다.

-김만중, 『서포만필』

작가는 「사씨남정기」를 둘러싼 장희빈의 첩자들과 김만중의 두뇌 싸움, 그 가운데서 자신의 길을 잃어버린 매설가 모독의 갈등, 최고의 소설을 얻기 위해 사랑과 신의를 헌신짝처럼 내던진 여인 백능파의 욕망을 각각 대비시킴으로써 권력과 인간의 관계, 욕망 앞에 선 인간의 무력함, 치열한 양심의 고뇌 등을 넘어 당대와 후세에 반드시 전하여야 할 진실의 책무를 말하고 있다. 하기에 소설의 마지막 부분 김춘택의 질문 앞에서 모독은 더 이상 흔들리지 않는다.

"어디로 가는 겐가?"
"하하하! 이야기를 원하는 곳이면 어디든지 가얍지요. 이래 봬도 굶어 죽을 염려는 없습니다요. 밥 없인 살아도 이야기 없인 못 사는 동물, 그게 바로 사람이니까요. 더 깊이 더 멀리 그들에게 다가갈까 합니다."

– 김탁환, 『서러워라, 잊혀진다는 것은』 본문 중에서

밥 없인 살아도 이야기 없인 못 사는 사람들 속으로 더 깊이 더 멀리 다가가겠다는 것, 서포가 열 번째 구름으로 잃어버린 천하의 도를 찾았듯이 소설로써 감히 본전을 능가하는 별전의 힘을 보이겠다는 것. 이것이 아마도 김탁환이 노도에서 찾아낸 답일 것이다.

김탁환(金琸桓, 1968~)

　1968년 10월 27일 경남 진해 출생. 창원고등학교를 졸업한 후, 1987년 서울대학교 국어국문학과에 진학하였고 대학원에서는 한국고전문학을 전공하였다. 1995년부터 3년간 진해에 있는 해군사관학교에서 국어 교수로 재직했다. 이후 건양대학교, 한남대학교 교수, KAIST 교수로 재직했으며, 지금은 전업 작가로 집필에 몰두하고 있다. 1994년 계간문예지 『상상』에 평론 「동아시아 소설의 힘」을 발표하며 평론가로 데뷔. 1996년 처녀장편 『열두 마리 고래의 사랑이야기』를 출간하면서 소설가로서 창작활동을 시작하였다. 특히 역사와 현실을 넘나드는 소재를 발굴하여 많은 소설을 발표하였다. 장편소설로 『불멸』(1998, 뒤에 『불멸의 이순신』으로 개작), 『허균, 최후의 19일』(1999), 『독도평전』(2001), 『나, 황진이』(2002), 『서러워라, 잊혀진다는 것은』(2002), 『방각본 살인 사건』(2003), 『리심, 파리의 조선 궁녀』(2006), 『열녀문의 비밀』(2007), 『열하광인』(2007), 『눈먼 시계공』(2010), 『뱅크』(2013) 등을 펴냈으며 『불멸의 이순신』과 『나, 황진이』는 KBS에서 드라마로 제작되어 방영되기도 하였다. 이 밖에 소설집 『진해 벚꽃』, 문학 비평집 『소설 중독』, 『진정성 너머의 세계』, 『한국 소설 창작 방법 연구』, 『천년습작』 등이 있다.

남해 금산과 서정인의 '산'

한려수도 한복판에 자리한 남해 금산(錦山)은 아름다운 섬 속의 산이다. 해발 681미터로 그리 높지는 않지만 예부터 '남해의 소금강'이라 불릴 만큼 경치가 빼어나다.

금산의 원래 이름은 '보광산(普光山)'이다. 신라 때 고승 원효가 683년 산 정상 부근에 초당을 짓고 수도하면서 관세음보살을 친견한 뒤 보광사(普光寺)라는 절을 지었는데, 이후 이 산 이름이 보광산이 되었다. 산 이름을 '비단 산'이라는 뜻의 '금산(錦山)'으로 바꾼 것은 태조 이성계였다.

이성계는 왕이 되려는 뜻을 품고 백두산에 들어가 기도했지만 백두산 산신이 그 기도를 들어주지 않았다. 두 번째로 지리산으로 들어갔지만 지리산 산신도 들어주지 않았다. 이성계는 마지막으로 보광산을 찾았다. 그리고 보광산 산신에게 자기를 왕좌에 오르게 해주면 산 전체를 비단으로 둘러 주겠다고 약속하였다. 산신의 보우 덕분이었는지 이성계가 결국 조선을 세우고 왕이 되었다. 왕이 된 뒤 이성계는 보광산의 은혜를 갚기 위해 산 전체를 비단으로 두르려 했다. 그러나 쉬운 일이 아니었다. 고심하던 이성계 앞에 누군가 묘안을 내놓았는데 비단으로 산을 감싸는 것은 어려운 일이니 '비단 금(錦)' 자를 써서 이름으로 비단을 둘러 주는 것이 좋겠다는 것이었다. 이때부터 이 산을 '금산'이라 부르게 되었다.

이성복의 '남해 금산'

남해를 찾는 사람치고 금산을 찾지 않는 사람은 아마 없을 것이다. 다도해의 아름다운 섬들과 한 몸을 이루려는 듯 수려한 기암괴석들이 파도치며 일어서는 산세, 석가세존이 돌로 만든 배를 타고 남해 바다로 나아갔다는 금산 제일경 쌍홍문(雙虹門), 과수댁 마님과 머슴의 애틋한 사랑 이야기가 담긴 상사바위, 진시황의 불로초 설화가 담긴 '서불과차(徐市過此)'의 거북바위 등등 아름다운 풍경과 불가사의한 이야기가 이루 다 헤아릴 수 없을 정도로 많은 곳이 바로 금산이다.

그러나, 타고난 아름다움은 대개 본원적인 슬픔의 정서를 동반하는 법.

남해 금산은 그 아름다움으로 하여 오르는 이의 마음을 아프게 숙연하게 만든다.

이 숙연함에 '남해 금산'이라는 지명을 더하여 그리움의 신

화가 되게 한 텍스트가 있으니 바로 '남해'라는 바다와 '금산'
이라는 산의 만남을 애달픈 사랑 이야기로 풀어낸 이성복(李
晟馥, 1952 ~)의 짧은 연애시 「남해 금산」이다.

> 한 여자 돌 속에 묻혀 있었네
> 그 여자 사랑에 나도 돌 속에 들어갔네
> 어느 여름 비 많이 오고
> 그 여자 울면서 돌 속에서 떠나갔네
> 떠나가는 그 여자 해와 달이 끌어 주었네
> 남해 금산 푸른 하늘가에 나 혼자 있네
> 남해 금산 푸른 바닷물 속에 나 혼자 잠기네
>
> — 이성복, 「남해 금산」 전문

'남해 금산 푸른 하늘가에 홀로 선 나'와 '남해 금산 푸른
바닷물 속에 잠긴 나', '돌 속의 사랑'이라는 비극적인 연애
서사가 현실을 뛰어넘는 초월적 사랑의 진면목을 보여 준
다. 결코 하나가 될 수 없는 두 실재의 애달픈 만남과 헤어
짐이 항상 누군가를 그리워하도록 규정된 인간들의 마음에
신비스러우면서 한편으로는 아픈 애상을 불러일으킨다.

그런데, 이성복의 「남해 금산」에 앞서 이와 유사한 감성을
불러일으키는 또 다른 작품이 있다. 바로 1971년 서정인(徐
廷仁, 1936~)이 발표한 단편소설 「산」이다. 이성복은 「물
과 흙의 혼례—남해 금산」이라는 글에서 자신이 처음 남해
금산을 알게 된 것이 서정인의 소설집 『강』에 실린 「산」에서

였다고 술회한 바 있다. 그렇다면 「남해 금산」과 「산」의 연애 서사 사이의 상호텍스트성은 과연 어떤 것인가.

서정인의 '산'

서정인의 단편 「산」은 항주중학교로 발령받아 가는 주인 공의 이야기로 시작된다. 주인공 건오는 항주중학교 교사로 발령받아 섬으로 가는 길이다. 사무실에서 배 시간을 확인 한 그는 예정 시간인 오후 한 시 삼십분까지 기다렸다가 낡 은 목조선 평조호를 타고 섬으로 출발한다.

반도의 연안이 조금씩 뒤로 물러갔다. 그리고 멀고 가까이 점 점이 떠 있는 섬들 사이로 아득히 펼쳐져 있는 수평선이 점점 더 뚜렷해지고 넓어져 갔다. 배는 눈앞에 파르스름한 빛으로 신비처 럼 거대하게 누워 있는 섬을 향하여 곧장 달려갔다. 왼편으로는 바다가 그 섬과 육지로 호수처럼 둘러싸여 한려수도가 되었고, 오른편으로는 바위로 된 작은 무인도들이 드문드문 솟은 채 수평 선이 아마도 태평양까지 펼쳐져 있었다. 눈앞의 섬은 보매 헤엄 이라도 쳐서 건너갈 듯싶은데, 그 첫 기항지에 닿은 것은 항구를 떠난 지 한 시간 반 만이었다.

– 서정인, 「산」 본문 중에서

한려수도의 풍광이 섬세하게 묘사되고 있다. 소설 속에서 만나게 되는 남해의 첫 이미지는 '신비처럼 거대하게 누워있 는 섬'이다.

여수에서 출발하여 한 시간 반 만에 도착한 첫 기항지에서 주인공은 우연히 가슴이 섬뜩하도록 아름다운 여자와 눈을 마주치게 된다.

그녀가 그를 흘끗 쳐다보았다. 그는 또 가슴이 섬뜩했고 그녀는 얼굴이 붉혔다. 그녀의 하얀 얼굴색은 조그마한 붉힘도 감추지 못했다. 그는 그녀의 눈이 약간 사팔뜨기 같다고 느꼈다. 그것은 그녀의 눈이 컸기 때문인지도 몰랐다. 커다란 눈과 하얀 살갗, 그리고 똑 곧은 코, 이런 것들이 대개 그녀의 아름다움을 이루고 있었다.

– 서정인, 소설 「산」 본문 중에서

여자는 '홍현' 사람이라고 했다. '홍현'은 남해읍에서 가천 다랭이 마을로 가는 길에 만나게 되는 원시어업 석방렴 자리가 그대로 남아있는 작은 마을이다. 건오는 그녀가 배에서 내리기 전 이런저런 질문과 대답을 주고받으며 잠시 대화를 나누었다. 그런데 건오가 항주중학교 교사로 발령받아 간다는 말에 그녀는 흠칫 놀라면서 교감에게 안부나 전해 달라하고 배에서 내린다.

"선생님은 어디까지 가십니까?"
"저요? 네, 저는 항주까지 갑니다."
"항주라예? 덕산 등산 가십니까?"
"아니오. 교편 잡으러 갑니다, 거기 중학교에."

"항주중학이예?"

그녀는 흠칫 놀랐다. 그리고 갑자기 얼굴빛이 달라지면서 코끝
으로 시선을 떨어뜨렸다

– 서정인, 「산」 본문 중에서

위 대화에서 두 사람이 '항주'로 표시한, 그리고 '덕산'이라
부른 곳의 실제 지명은 각각 '상주(尙州)'와 '금산(錦山)'이다.

상주는 예로부터 남한 최고의 백사장으로 이름난 곳이다.
지금도 반짝이는 은모래 백사장이 부챗살 모양 펼쳐져 있어
풍경만으로 사람들의 마음과 시선을 단번에 사로잡는 곳이
다. 소설에서 상주해수욕장과 금산의 풍경을 묘사한 대목을
살펴보자.

금산에서 바라본 상주해수욕장. 동그랗고 오목하게 보이는 해변이 상주해수욕장
이다.

길은 부두에서 동네로 이어져 있었다. 길 아래는 백사장이었다. '조선에서 제일' 간다는 바로 그 모래밭이었다. 그들은 길을 버리고 모래밭으로 들어섰다. 모래밭은 거의 반원을 그리면서 삼, 사백 미터에 걸쳐 펼쳐져 있었다. (중략) 대개 어디나 그렇듯이 모래밭 위쪽의 한 부분은 다섯 길도 더 될 듯싶은 커다란 소나무들의 숲이었다. 바로 그 숲 안에까지 모래밭은 계속되고 있었다. 그리고 그 숲 뒤로 여름 한철을 위한 숙박 시설이, 쌓아올린 블록 벽에 회칠도 아직 덜 된 것까지 해서 서너 개 늘어서 있었다. 보매, 기술과 재료가 모두 현지 조달임이 분명했다. 모래밭은 바로 그 문턱에까지 가 있었다. 그 뒤로 두어 뼘 되는 논을 사이에 두고 동네가 있었고, 그리고 동네 뒤로 저만치 물러앉아 산이 있었다. 덕산이었다. 그것은 단순한 물량이 아니라, 저녁나절의 연무에 쌓여서 위혁처럼, 신비처럼, 푸르스름한 빛으로 우뚝 솟아 있었다.

– 서정인, 「산」 본문 중에서

서정인은 꼼꼼한 작가다. 그는 사람들이 놓치기 쉬운 소소한 일상을 파고들어 허구에 찬 세상의 아픔을 묘사한다. 「산」에서도 예의 섬세한 시선을 버리지 않고 있다. 상주와 금산은 둘 다 '조선에서 제일' 아름다운 해변이요 '단순한 물량이 아니라 위혁처럼, 신비처럼, 푸르스름한 빛으로 우뚝' 솟아 있는 산이다.

그런데 이 소설에서 상주와 금산은 단순히 아름답기만 한 장소가 아니다. 앞으로 건오에게 상주와 금산이 단순히 아름

닯기만 한 장소가 아니게 될 것은 그가 부임하던 날 가방을 들어주러 왔던 소년들이 나눈 대화에서부터 짐작할 수 있다.

"선생님예, 오늘 사람이 하나 안 죽었십니꺼."

앞에서 잽싸게 걷고 있던 두 놈들 중에서 하나가 뒤를 흘끗 쳐다보면서 말했다.

"가시나가 하나 죽었다 아입니꺼."

선수(先手)를 빼앗긴 놈이 얼른 보충을 했다.

"여름내 한 달이나 네 아들이 항주 여관 방 하나를 빌어각고 해수욕 안 했습니꺼."

"다섯 아다 카드라."

"니가 뭘 아노? 글마들 올 때, 내가 이렇게 짐을 들어줬다 아이가. 그래도 니가 우길 끼고? 네 아들이 말입니더, 가시나가 둘, 머시마가 둘, 방 하나를 빌어각고 한 달 동안 안 뒹굴었십니꺼. 그러다가 세 아는 쪼매 전에 배로 떠나고, 가시나가 하나 뒤에 안 쳐졌십니꺼. 이 가시나가 덕산 돼지바우에서 떨어졌는 기라예."

– 서정인, 「산」 본문 중에서

일종의 복선이랄까. 부임한 첫날 건오를 맞아준 것은 조선 제일의 풍광을 자랑하는 상주와 금산과는 어울리지 않는 다소 끔찍한 자살 소식이었다. 남녀 아(아이, 젊은 사람을 말함) 넷이 해수욕장의 여관 방 하나를 빌어가지고 한 달 동안 뒹굴었다는 것도 심상찮은 일인데, 그 중 셋은 떠나고 여자 한 명만 뒤쳐져 남해 금산의 돼지바위로 올라가 떨어지는 끔찍한 사건이 벌어졌다는 것이다. 상주와 금산의 지세풍광이 첫 만남부터 만만치 않은 위혁(威嚇)으로 사람들의 삶에 개입한다는 느낌이 드는 대목이다.

그로부터 한 달 후, 주인공 건오는 평조호에서 만났던 여자를 다시 만나게 된다.

지난 한 달 동안 건오는 평조호가 상주에 들어오는 것을 볼 때마다 '가슴속에 열망의 회오리바람이' 이는 것을 느꼈었다. 처음에는 견딜 수 없을 정도로, 그러다 시간이 흘러감에 따라 조금씩 퇴색하여 일반적인 것이 되어 갔다. 그러다 그녀를 다시 만나게 되었을 때 건오는 '지난 한 달 동안의 회오리바람이 한꺼번에 소용돌이치는 듯한' 느낌을 받았다. 매일 밤 혼자서 상상하고 있었던 순간이 다가온 것이었다.

여자는 건오에게 문 교감을 만나러 왔다고 했다. 그러나 교감이 도교위로 출장 중인 것을 확인하고는 덤덤히 바다만 바라보았다. 두 사람 사이에 잠시 말이 끊어졌다. 각각 살아온 두 개의 세계. 두 사람이 서로 합쳐지기에는 너무 두꺼운 껍질 속에 따로따로 웅크리고 있는 것 같은 순간이었다. 이윽고 그녀는 건오에게 금산에 한번 올라가 보았으면 좋겠다고 말했다. 이미 저문 시간이었지만 두 사람은 이른 저녁을 시켜 먹고 함께 산을 오르기 시작했다.

산은 그 밑에 이르러서 보자 높이는 사라지고 하나의 구역이 되었다. 그것은 방향이었고, 경사였고, 넓이였다. 그리고 그것은 바라 볼 어떤 것이 아니라 들어가서 안길 어떤 것이었다. 그들은 큰길을 버리고 산길로 접어들었다. 그리고 조금씩 산 속으로 묻혀 들어갔다.

– 서정인, 「산」 본문 중에서

예상대로 두 사람이 산꼭대기에 도달하자 날이 어두워져 버렸다. 그들은 산행을 포기하고 정상 부근에 있는 여관에 방을 구해 다음날 아침까지 함께 하룻밤을 보내기로 한다.

이튿날 일찍 일어나서 해 뜨는 것을 구경하자면, 그것이 덕산을 오르는 사람들의 희망인데, 아무래도 일찍 쉬는 것이 낫겠다고 생각이 되었으므로 그들은 가까이 있는 여관으로 갔다. 그들이 맨 처음 찾아간 곳에는 손님이 꽤 많은 것 같았지만 그들이 들 방은 비어 있었다. 여관은 깎아 세운 듯한 암벽을 옆에 끼고 그들이 올라온 길을 한눈에 내려다볼 수 있는 곳에 위치하고 있었다.

– 서정인, 「산」 본문 중에서

소설에서 건오와 여자가 찾아간 '깎아 세운 듯한 암벽 위' 여관은 지금도 금산 보리암 근처에서 영업 중인 '금산산장'(옛 '부산여관')을 말한다. 원래는 비구니가 거처하던 조그만 암자였으나, 언젠가부터 보리암을 찾는 이들에게 방을 내주고 식사를 제공하는 곳으로 바뀌어 운영되고 있다.

남해 사람들은 대개 이 산장을 예전 이름 그대로 '부산여관'이라고 부르는데, 남해에서 청소년기를 보낸 사람이라면 누구나 한번쯤 이 여관에서 하룻밤 묵으면서 금산 일출을 보곤 했다고 한다. 그만큼 남해 사람들에게는 유명한 곳이다.

저녁나절 금산에 올랐다가 하룻밤을 묵고 내려오려면 십중팔구 건오와 여자가 묵은 이 여관에서 방을 빌려 묵어야 한다. 실제로 예전에는 두 사람처럼 저녁에 산에 올라 일출을 보고 내려오는 탐방객이 많았다. 소설에서 건오가 친구들에게 이야기했던 것처럼 금산 산행은 '저녁나절에 올라서 꼭대기에서 자고 이튿날 꼭두새벽에 해돋이를 보고 내려오는 것이 제격'이기 때문이다. 지금은 교통사정이 좋아져서 대부분 하룻길 코스로 금산을 둘러보고 내려오지만, 예전에는 어렵사리 배편을 이용하여 남해로 들어와서 저녁나절에 산에 올랐다가 부산여관에서 하룻밤을 보내고 일출을 구경한 후 하산하곤 했다.

▌금산산장. 구 부산여관. 남해 금산 정상부에 있는 여관이다. 서정인의 소설 「산」의 주인공 건오와 여자도 이곳에서 함께 하룻밤을 보냈을 것이다.

여느 날처럼 손님이 많았지만 두 사람은 다행히 방을 구해 들어갈 수 있었다. 그러나 그날 밤 건오는 여자에게서 놀라운 이야기를 듣게 된다. 어색한 시간을 메우기 위해 이런저런 이야기를 늘어놓다가 여자가 들려준 감당하기 힘든 사연까지 공유하게 된 것이다.

보통의 독자라면 흔히 이런 대목에서 뭔가 로맨틱하고 운명적인 두 사람만의 시간과 경험을 기대할 것이다. 건오가 지난 한 달 동안 여자에 대해 품고 있었던 열망이 워낙 강렬한 것이었기 때문이다. 그러나 독자들은 여기에서 전혀 예상치 못했던, 아니 예상하고 싶지 않은 끔찍한 이야기와 맞닥뜨리게 된다.

건오는 석 달 전 여자와 교감 사이에 일어난 끔찍한 사건에 대해 듣게 된다. 뭍의 국민학교 교사로 일하던 그녀는 자기가 하숙하던 문 교감의 집에서 잠결에 성폭행을 당했다. 국민학교 적 은사이자 중고등학교 졸업 때까지 숙식을 제공하고 장학금까지 얻어주어 교대를 졸업하게 해 준 은인이었던 문 교감의 짓이었다.

건오는 담뱃불을 비벼서 껐다. 그녀는 맞은편 벽 중간께에 걸려 있는 남폿불을 멀끔히 쳐다보고 있었다. 그가 그녀의 옆얼굴을 물끄러미 바라보자 그녀도 고개를 돌려 그를 쳐다보았다. 그는 문득 생각난 듯이 일어섰다. 그리고 남폿불의 심지를 줄인 다음 훅 하고 바람을 불어넣었다.

– 서정인, 소설 「섬」 본문 중에서

남해 금산은 도대체 어떤 곳일까. 어떤 곳이기에 그 아름다움에 팔려 한껏 기대에 부풀어 올랐을 주인공과 독자의 마음을 이처럼 단번에 배신해버리는 것일까. 남해 금산의 말로 형용 못할 아름다움, 건오가 만난 여자의 가슴 섬뜩한 아름다움, 한 달 동안 주인공의 마음을 열망의 회오리바람에 휩쓸리게 만들었던 그 아름다움은 하룻밤 새 감당할 수 없는 비극적 결함으로 바뀌어 버렸다. 그리스 비극에서나 만나게 되는, 남달리 아름답고 고결한 주인공의 운명적이고도 비극적인 결함 '하마르티아(Hamartia)'가 바로 이런 것을 말함일까.

이튿날 아침 두 사람은 구름 때문에 해돋이를 볼 수 없었다. 그들은 다시 여관으로 돌아가서 아홉시까지 늦잠을 자고, 아침나절을 이 봉우리 저 봉우리 다니면서 용바위, 돼지바위, 닭바위, 부부바위 등 기암괴석 구경으로 보냈다.

기암괴석들 중에는 남해에서 제일 유명한 스토리텔링의 상사바위도 있었을 것이다. 금산에서 가장 전망이 뛰어나다는 상사바위. 높이 80미터 아파트 30층 높이의 이 바위엔 사람들이 흔히 이룰 수 없는 사랑이라고 일컫는 애틋한 이야기가 전한다.

조선 숙종 때 전남 돌산에 사는 청년이 남해로 머슴을 살러왔다. 주인은 어여쁜 과수댁이었다. 돌쇠는 주인마님의 아름다운 모습에 반하여 애간장을 태우다가 그만 상사병에 걸려 죽게 되었다. 이를 보다 못한 과수댁이 사람이 없는 금산으로 돌쇠를 불러내었다. 금산의 벼랑에서 돌쇠는 상사를 풀게 되었고 목숨을 건지게 되었다.

양반 과부가 지켜야 할 법도보다 하인의 목숨을 소중히 여긴 마님의 애틋한 마음이 잘 표현된 이 이야기는 상사바위에서 바라보는 한려수도의 경치만큼이나 아름답고 감미롭다. 그러나 결국 이 이야기는 금산 상사바위를 내려가는 순간 다시 이룰 수 없는 사랑의 정해진 길을 밟게 된다. 비록 단 한 번의 만남으로 상사를 달래기는 했지만, 상사바위에서 금산 아래로 내려갈 때 돌쇠와 마님은 분명 각기 다른 길을 걸어 내려갔을 것이다. 그것은 그들의 안타까운 사랑 못지않게 그들이 견뎌내어야 할 운명과 법도의 굴레가 강고하다는 사실을 깨닫게 해 준다.

건오와 여자도 금산을 둘러본 후 점심을 먹고 산꼭대기에서 헤어져 각기 다른 길로 내려오게 된다. 그녀는 한사코 그

┃ 상사바위. 조선시대 양반집 과부댁과 머슴의 애틋한 사랑 이야기가 전하는 바위이다.

더러 먼저 내려가라고 했다. 혼자서 산을 내려온 건오는 한참 동안을 더 걸어 상주해수욕장의 모래밭까지 내려갔다.

산길과 큰길이 갈라지는 산 아래 산의 입구에 딱 도착하자 그는 그가 분명히 잘못했다는 것을 깨달았다. 같이 올라갔으니 같이 내려와야 할 것이 아니냐.

그는 천천히 해변을 향하여 큰길을 걸어갔다. (중략) 그는 모래밭에 주저앉았다. 그리고 뒤를 돌아보았다. 육백육십육 미터의 산이 성큼 그의 눈앞으로 다가왔다.

– 서정인, 소설 「산」 본문 중에서

건오와 여자에게 남해 금산은 어떤 의미일까.

아무리 보아도 마냥 포근하고 아름다운 공간은 아닌 것 같다.

두 사람에게 금산과 상주는 자신의 운명적 한계와 맞닥뜨리게 하는 강제적이고 비극적인 공간일 뿐이다.

물론 두 사람이 산을 오르기 시작했을 때 금산은 분명 멀리서 '바라 볼 어떤 것이 아니라 들어가서 안길 어떤' 공간이었다. 그러나 산꼭대기에 오르자마자 금산은 그들을 안아주지도 머물게 해 주지도 않고, 오히려 어느 누구도 거역할 수 없는 아름다움의 비극적 운명 앞에 직면하게 만든다. 여자가 자신의 서늘한 과거를 이야기하며 물끄러미 건오를 쳐다볼 수밖에 없었던 것이나, 건오가 여자를 포기하고 혼자 산을 내려올 수밖에 없었던 것이나, 결국은 소유할 수 없는 아름다움을 앞에 두고 절망하는 인간의 모습을 드러낸 행위임에는 이견의 여지가 없다. 결과적으로 이들에게 금산은 그 본연의 아름다움이 지니는 비극성으로 인하여 절대로 함께 머무를 수 없는, 반드시 각자의 길로 내려와야만 하는 곳으로 인식될 수밖에 없었을 것이다.

시인 이성복이 노래한 것처럼, 한 사람은 울면서 돌 속에서 떠나버렸고, 떠나간 그 여자를 차마 붙잡지 못한 슬프고도 못난 한 사람은 결국 남해 금산 푸른 하늘가, 남해 금산 푸른 바닷물 속에 혼자 잠겨 있을 수밖에 없게 되었다.

아름다움과 운명의 비극 앞에 속수무책 주저앉아 버릴 수밖에 없는 인간의 나약한 모습.

남해 금산이 자각하게 하는 인간의 본연적인 모습이다.

같이 올라갔으면 같이 내려왔어야 했다.

서정인(徐廷仁, 1936~)

1936년 12월 20일 전남 순천 출생. 순천고, 서울대 영문과 및 동 대학원 졸업. 1992년 전남대 대학원에서 문학박사학위 받음. 대학 재학 중 군에 입대하여 육군 중위로 제대하였으며, 서울 삼선중, 광주 제일고, 순천농전을 거쳐 전북대 영문과 교수를 역임하였다. 1962년 『사상계』 신인상에 「후송」이 당선되어 문단에 등단하였다. 「강」(1968), 「우리 동네」(1971), 「남문통」(1975), 「뒷개」(1977), 「토요일과 금요일 사이」(1979) 등 단편소설의 미학을 잘 보여주는 작품을 발표하여 문단의 주목을 받았다. 세련된 문체, 절제된 형식, 통일된 구성 원리, 치밀한 성격묘사를 보여주는 그의 작품은 그 자체로 단편소설의 한 전범으로 평가받아 왔다. 초기소설들은 대체로 비극적인 세계 인식에 토대를 두고 있어 줄거리 자체가 주는 흥미보다는 문체가 만들어 내는 쓸쓸한 분위기로 독자를 압도하는 경우가 많다. 그러나 후기로 오면서 해학과 관용, 넉넉한 인간적 교감이 작품 전면에 드러나게 된다. 「철쭉제」(1983) 연작에서는 특유의 절제미가 이완될 정도로 생기 넘치는 인물과 발랄한 대화가 전면에 등장한다. 장편소설 「달궁」(1985~1989)에서는 서술자의 자유로운 변화, 판소리 사설 차용 등 실험적인 방법을 통해 독자의 관습을 바꾸려고 노력하였다. 1976년 『강』(1976), 『가위』(1977), 『토요일과 금요일 사이』(1980), 『벌판』(1984), 『철쭉제』(1986), 『가위』(1987), 『달궁』(1987~1990), 『붕어』(1994) 등의 작품집을 발간했다. 1976년 한국문학작가상, 1984년 월탄문학상, 1986년 한국일보창작상을 수상했다.

거제, 자유와 사랑의 섬

−거제 포로수용소에서 찾은 자유의 의미

윤후명, 엉겅퀴꽃에서 생명력을 배우다

허만하, 김수영의 유자철망에서 '자유'의 의미를 찾다

장용학, 세례 요한의 철조망에서 자유를 찾다

−윤후명, 지심도(只心島)에서 사랑을 찾다

지심예심, 동백꽃술 같은 마음의 섬

그 섬에 팔색조가 깃드는가, 안 깃드는가

사랑이 이루어지는 섬, 지심도

거제 포로수용소에서 찾은 자유의 의미

윤후명, 엉겅퀴꽃에서 생명력을 배우다

거제 고현 포로수용소 유적은 1983년 12월부터 경남 지방문화재 자료 제99호로 지정 관리되어 왔다. 지금은 포로수용소 유적공원이 대대적으로 조성되어 분수광장, 대동강 철교 모형, 탱크 전시관, 디오라마관, 흥남철수작전기념비, 포로생활관, 포로 폭동 체험관, 6·25역사관, 유적박물관 등 다양한 건물이 들어서있지만, 2002년 유적공원으로 개관하기 전에는 그야말로 메마른 산비탈에 부서지다 만 앙상한 콘크리트 잔해물만 몇 군데 남아있는 곳이었다.

거제 포로수용소에 남아있는 한국전쟁 당시의 잔존유적. 경비대장 집무실, 경비대 막사, PX, 무도회장 등 잔해물이 남아 당시 모습을 전해 준다.

한국전쟁 당시 전쟁포로를 수용했던 곳이기 때문일까. 이 곳은 찾는 이에게 독특한 감회를 불러일으키는 장소이다. 소설가 윤후명(尹厚明, 1946~)은 1985년에 발표한 중편

소설 「섬」의 일인칭 주인공 화자의 시점을 빌려 거제 포로수
용소의 실제 풍경을 이렇게 묘사하고 있다.

바다를 등지고 빙그르 돌아섰을 때 나는 의외로 낯선 풍경을
보았다. 저것이 무엇일까. 허물어진 성벽 같은 구조물이 저쪽 밭
둔덕 한가운데 우뚝 서 있었다. 녹슨 쇳더미 같은 그 구조물은 공
룡처럼도 보였다. 나는 그곳으로 허덕이면서 바삐 달리다시피 걸
어갔다. 보리밭을 지나고 그 기괴한 구조물이 한층 가까워졌어
도 나는 여전히 정체를 알 수 없었다. 무슨 저런 것이 바닷가 둔
덕 위에 서 있단 말인가. 더 가까이 가자 그것은 대칭형으로 마주
보고 있는 두 개의 구조물이었으며, 빛깔이 흑갈색이기는 했으나
돌과 시멘트로 이용해 만들어 놓은 것이 분명해 보였다.

– 윤후명, 「섬」 본문 중에서

현재 고현의 포로수용소 유적공원 오른쪽 모퉁이에 남아

있는 미군 PX와 무도회장 잔해물을 보고 묘사한 대목이다.

 1984년 6월 어느 날, 나는 신문에서 임진왜란 당시에 쓰였던 대포 '현자통포'가 거제 앞바다에서 발견되었다는 기사를 읽고 소일거리 삼아 그곳을 찾아가는 길이었다. 그러다가 불현듯 다 허물어진 성벽 같은 구조물을 발견하게 된다. 그 구조물은 마치 로마 시대의 무슨 유적처럼 보였다. 조잡스럽긴 하지만 검투사들이 드나드는 문쯤이 제격일 것 같았다. 그러나 그 옆에 있던 흰 안내판을 읽고서 비로소 그것이 포로수용소의 건물 잔해임을 알게 된다. 순간 나는 가슴이 뛰고 다리가 후들거리기 시작했다. 실로 우연한 계기로 역사적 현장의 한가운데에 오게 되었다는 감회에 사로잡혔던 것이다.

 이것이… 이것이… 이것이… 예전의 포로수용소였다. 나는 전쟁의 와중에서 자신도 모르는 사이에 포로가 되어 이곳에 와 있는 어떤 사나이처럼 여겨졌다.

– 윤후명, 「섬」 본문 중에서

 나는 대포를 빌미로 단순히 소일삼아 이곳까지 온 것뿐이다. 그러다가 갑자기 비극의 한가운데, 역사의 한가운데 자리에 서 있게 된 것이다. 그리고 어느 밭엔가 누가 버렸는지 붉은 고무장갑 한 짝이 손가락을 위로 뻗은 채 흙에 파묻혀 있는 것을 보게 된다. 나는 그것이 마치 예전 수용소 안에서 어처구니없는 동족상잔으로 잘린 누군가의 팔 같다는 느낌을 받는다. 그 팔이 이제야 무엇을 말하고자 흙을 뚫고 손가락을 뻗은 것 같다.

그와 함께 고무장갑의 손가락이 가리키고 있는 곳, 녹슨 철조망 아래에 엉겅퀴꽃이 한 아름 피어 있는 것을 보게 된다. 밭 가장자리에 유난히 선연하게 피어있는 적자색 엉겅퀴꽃.

나는 생각한다.

비극의 그날에도 저 꽃은 말없이 피었을 것이다. 그리고 오늘날에도 저 꽃은 말없이 피어 있다. 그날의 일들을 저 꽃만큼 생생하게 알고 있는 것은 이 세상 어디에도 없다. 그리고 그날의 일들은 아직까지 계속되고 있다. 어떻게 된 노릇이란 말인가. 나는 가슴 저 속에서 무겁고 어둡게 쿵쿵거리는 동계를 느끼며 다가갔다. 그리고 이제야말로 누군가를 다시금 깊게 사랑하지 않으면 안 된다는 강렬한 충동을 받았다. 모든 것을 다시 시작하리라. 나만이 피울 수 있는 한 송이 꽃을 피우리라.

– 윤후명, 「섬」 본문 중에서

| 엉겅퀴꽃. 윤후명의 소설 「섬」에서 '나'는 포로수용소 가장자리에 피어있는 엉겅퀴꽃에서 강렬한 생명력을 배우게 된다.

역사의 비극 한가운데 들어서 있다는 느낌.

포로수용소 유적지에서 느끼는 감회는 필시 비극적 역사의 순간과 만나고 있는 개인적 비극에 대한 망연한 생각을 간단없이 되새기게 만든다.

윤후명의 「섬」에 등장하는 화자 '나'는 여태 '현장(現場)'을 떠나 허풍선이의 삶을 살아왔다. 그리하여 거제에 거처를 정하고 '현장'에서 살고 있는 사람들을 만나며 비로소 제대로 된 삶을 시작하겠다는 마음을 먹는다. 수용소 잔존유적에서 받은 심적 충격은 이러한 각오를 새롭게 다지게 해주었다. 또 유적지 주변에서 발견한 선연한 적자색 엉겅퀴꽃은 누군가를 다시금 사랑하여야겠다는 생각을 갖게 해주었다.

모든 것을 다시 시작하겠다는 각오.

비극의 그날에나 오늘날에나 변함없이 때가 되면 다시 피고 지는 엉겅퀴꽃의 강렬한 생명력이 나로 하여금 오직 '나'만이 피울 수 있는 한 송이 꽃을 피우리라는 각오를 다지게 해 준 것이다.

허만하, 김수영의 유자철망에서 '자유'의 의미를 찾다

전쟁의 비극이 엄연히 살아 숨쉬는 현장에서 이런 감회에 젖는 것은 새삼스러운 일이 아니다. 같은 장소를 찾은 시인 허만하(許萬夏, 1932~) 역시 「신현의 쑥」이라는 시에서 거제포로수용소를 돌아본 소회를 이렇게 표현하였다.

거제도 신현 산비탈에 남아 있는

부서지다 만 앙상한 콘크리트 구조물
담벽과 마른 풀 틈새에
몇 포기 쑥이 자라고 있다.
새로 피어난 어린 잎사귀에 묻어 있는
젖빛 솜털의 눈부심
목숨의 정갈한 부드러움
문짝 떨어진 창구멍을 드나드는
바람에 쑥 냄새 같은 엷은 화약내가 묻어 있다.
빈 포로수용소 콘크리트의 적막한 그늘.

한려수도 물이랑 위에 부서지는
김수영의 옆얼굴
가시철조망 너머로 그가 바라보던
해맑은 갈맷빛 일렁임의 자유

국경을 사이에 둔
시의 안과 바깥
여윈 앞가슴으로 미친 역사와 맞서던
쇳물같이 뜨거운 언어
풀잎같이 부드러운 언어
쑥같이 되살아나는 모진 언어

판문점 포로송환위원회 앞에
폭포처럼 수직으로 선 알몸의 시.

포도송이 같은 눈망울
날카로운 눈빛으로
바라본
가시넝쿨 바깥의 아득한 노을

긴

긴

기다림.

– 허만하, 「신현의 쑥」 전문

지금은 포로수용소가 행정구역상 '고현동(古縣洞)'에 속해 있지만, 윤후명과 허만하가 거제를 찾았을 때는 '신현읍(新縣邑) 고현리(古縣里)'에 속해 있었다. 허만하 시인이 「신현의 쑥」을 발표한 것이 1999년 『비는 수직으로 서서 죽는다』라는 시집에서였으니, 그때는 아직 신현읍이 일곱 개의 동으로 나뉘기 전이었고, 지금처럼 다양한 전시관을 아우르는 포로수용소 유적공원도 조성되지 않았던 때다.

그가 문짝 떨어진 창틀 사이로 불어오는 바람에 쑥 냄새 같은 엷은 화약내가 묻어 있다고 말한 것은 바로 그 장소가 빈 포로수용소 콘크리트의 적막한 그늘이었기 때문이었다. 고현 산비탈에 초라하게 남아 있던 수용소 잔해 사이, 다 무너져가는 담벼락과 마른 풀 틈새에서 자라나는 쑥 몇 포기 앞에서 시인은 잠시 발길을 멈춘다. 그 옛날 이곳을 휩쓸고 지나간 엷은 화약 냄새와 쑥 냄새가 코끝을 스치고 지나간다. 순간 환기되는 1950년대의 그 순간. 시인의 몸이 떨린다.

시인의 시야에 누군가의 얼굴이 떠오른다. 거제 포로수용소에 갇힌 채 미친 역사와 맞서 쇳물같이 뜨거운 언어로 폭포처럼 수직으로 선 알몸의 시를 썼던 선배 시인 김수영(金洙暎, 1921~1968)의 옆얼굴. 긴 긴 기다림으로 가시철조망 너머 갈맷빛으로 일렁이는 자유를 응시했을 시인 김수영의 해맑은 프로필 말이다.

전쟁 당시 김수영은 임신한 아내 김현경과 함께 서울을 떠나지 않고 있다가 1950년 8월 북한 의용군에 징집되었다. 의용군으로 끌려간 김수영은 같은 해 10월 구사일생으로 탈출하지만 서울 집 근처에서 바로 경찰에 체포되어 거제도 포로수용소로 내려오게 된다.

친공포로와 반공포로가 반목하여 서로 죽고 죽이던 거제도 포로수용소에서 김수영은 인간의 자유가 이념에 의해 어떻게 유린당하는지 직시하게 된다. 1950년 11월부터 1952년 12월 석방되기까지 25개월간 김수영이 포로수용소에서 지낸 기간은 월간 『희망』 1953년 8월호에 발표한 「나는 이렇게 석방되었다」라는 글에 기술한 대로, 삶과 죽음, 이념과 국가에 대해 고민하는 나날의 연속이었다.

원고지 30매 분량의 이 글에서 시인은 '모두가 생각하면 꿈같은 일이다. 잔등이와 젖가슴과 무르팍과 엉덩이의 네 곳에 P.W(PRISONER OF WAR: 포로라는 의미)라는 여덟 개의 활자를 찍고 암흑의 비애를 먹으면서 살아온 것이

도무지 나라고는 실감이 들지 않는다.'고 회고했다.

또 석방 이후 감격에 대해서는 '너무 기뻐서 나는 집으로 돌아갈 생각도 잘 할 수 없었다. 길거리—오래간만에 보는 길거리에는 도처에 아이젠하워 장군의 환영포스터가 부착되어 있었다. 나는 그의 빙그레 웃고 있는 얼굴을 십분이고 이십분이고 얼빠진 사람처럼 들여다보고 서 있었다.'라고 썼다.

한국전쟁 당시 해군과 해병대의 통합 기관지였던 월간『해군』1953년 6월호에 수록된 김수영의 산문「시인이 겪은 포로생활」에 따르면, 거제도에서는 겨우 서너 달 지냈을 뿐 대부분의 기간을 부산 거제리 수용소에서 지냈다고도 쓰고 있는데, 장소 여하를 불문하고 포로수용소에서의 나날은 매한가지 무게로 그의 사고를 짓눌렀을 것이다.

이런 상황에서 어떻게 시를 쓸 수 있었을까.

허만하는 이러한 극한상황에서 알몸의 시를 써낸 시인 김수영에게 깊은 경외심을 표현하고 있는 것이다.

| 거제 고현포로수용소 유적공원

거제포로수용소 유적공원. 한국전쟁 당시 포로들의 생활상을 실감나게 재현해놓았다.

　아도르노(T. W. Adorno, 1903~1969)는 '아우슈비츠 이후 서정시를 쓰는 것은 야만이다'라고 했지만, 아우슈비츠에서 살아남은 시인 파울 첼란(Paul Celan, 1920~1970)은 홀로코스트 체험을 형상화한 「죽음의 푸가」를 썼다. 마찬가지로 독일 시인 베르톨트 브레히트(Bertolt Brecht, 1898~1956)는 나치 치하의 독일 현실을 개탄하며 '꽃피는 사과나무에 대한 감동과/ 엉터리 화가에 대한 경악이/ 나의 가슴속에서 다투고 있다'라면서, '바로 두 번째 것이/ 나로 하여금 시를 쓰게 한다'(-「서정시를 쓰기 힘든 시대」 부분)고 적었다.

　시대의 흐름이 엄혹할 때 엉터리 역사를 바로잡기 위해 계속 시를 써온 몇몇 용기 있는 시인들처럼 김수영 역시 시 쓰기를 멈추지 않았다. 포로수용소에서 석방된 후 5개월 만에 쓴 「조국에 돌아오신 상병(傷病)포로 동지들에게」라는 긴 시가 대표적인 예이다.

그것은 자유를 찾기 위해서의 여정이었다
가족과 애인과 그리고 또 하나 부실한 처(妻)를 버리고
포로수용소로 오려고 집을 버리고 나온 것이 아니라
포로수용소보다 더 어두운 곳이라 할지라도
자유가 살고 있는 영원한 길을 찾아
나와 나의 벗이 안심하고 살 수 있는
현대의 천당을 찾아 나온 것이다

나는 원래가 약게 살 줄 모르는 사람이다
진실을 찾기 위하여 진실을 잊어버려야 하는
내일의 역설(逆說) 모양으로
나는 자유를 찾아서 포로수용소에 온 것이고
자유를 찾기 위하여 유자철망(有刺鐵網)을 탈출하려는 어리석
은 동물이 되고 말았다

(중략)
"그것은 본 사람만이 아는 일이지요.
누가 거제도 제61수용소에서 단기4284년3월16일 오전 5시
에 바로 철망 하나 둘 셋 네 겹을 격(隔)하고 불 일어나듯이 솟아
나는 제62적색수용소로 돌을 던지고 돌을 받으며 뛰어 들어갔는
가."

　　　　－김수영,「조국에 돌아오신 상병(傷病)포로 동지들에게」부분

이 시에서 김수영은 수용소에서 자신이 겪은 사건 하나를
구체적으로 묘사하고 있다. 그것은 1951년 3월 16일 오전

5시에 제61수용소에서 일어난 폭동으로 반공포로가 친공포로를 공격한 사건이었다. 김수영은 당시 포로들이 철망 네 겹을 가로막고 불 일어나듯이 솟아나는 제62적색수용소로 돌을 던지고 돌을 받으며 뛰어 들어갔다고 썼다.

그리고 시의 후반부에서 자신이 포로수용소에서 나온 이유는 '포로로서 나온 것이 아니라, 민간 억류인으로서 나라에 충성을 다하기 위하여 나온 것이라'고 쓰고 있다. 친공포로를 습격하기 위해 분연히 일어났던 일이나 자유를 찾기 위하여 유자철망(有刺鐵網)을 탈출하고자 애썼던 일, 석방 이후의 행적 모두가 결국은 자유에 대한 한결같은 갈망에서 비롯된 것임을 강조하였던 것이다.

사실 포로수용소에서 석방된 후 김수영을 더욱 힘들게 만든 일은 바로 그의 아내 김현경의 변심이었다. 김수영이 의용군에 끌려간 후 김현경은 갓 출산한 아들을 시어머니에게 맡기고 부산으로 내려가 남편의 고교 동창인 이종구와 살림을 차리게 된다. 수용소에서 석방된 김수영이 뒤에 김현경이 살고 있던 광복동을 찾아가 함께 서울로 올라가자고 사정했지만 김현경은 단호하게 거부했다. 물론 두 사람은 이후에 다시 살림을 합치게 되지만, 이 사건은 김수영의 인생에서 지난 25개월간의 포로수용소 생활보다 더한 좌절감을 남겼다. 위 시에서 포로수용소에서의 생활을 '자유를 위한 영원한 여정' 혹은 '현대의 천당을 찾아 나온 것'이라고 표현한 것, 진정한 '자유의 길'을 찾기 위해 '부실한 처(妻)'를 버렸다고 표현한 것에서 이러한 심리상태를 짐작해 볼 수 있다. 처

의 배신과 이념의 배신, 국가의 배신 등 삶의 자유를 빼앗아
간 모든 폭력적 배신이 결국 김수영으로 하여금 '자유를 찾
아가는 영원한 여정'을 떠나게 하는 요인이 되었음을 알 수
있는 것이다. 하여 이후 김수영의 빼어난 몇몇 작품에서 우
리는 그가 수용소에서 겪은 비루와 참담, 그리고 개인적 굴
욕 너머 갈맷빛으로 빛난다고 믿었던 '자유'에 대한 한결같은
갈망과 깨달음을 읽게 된다.

장용학, 세례 요한의 철조망에서 자유를 찾다

시대의 흐름이 엄혹할 때 소설가는 세계와 자아의 갈등을
묘사함으로써 그들이 반드시 있어야만 한다고 믿는 당위의
세계를 그리려 한다. 이런 점에서 거제 포로수용소는 전후
소설가들의 주목을 끌기에 필요충분조건을 갖춘 곳이었다.

잘 알려져 있듯이 거제 포로수용소는 한국전쟁 기간 중 유
엔군이 북한군과 중공군 포로를 수용하기 위하여 설치한 곳
이다. 1950년 11월 유엔군은 섬이라는 지리적 조건이 최
소 인력과 경비만으로 포로를 관리할 수 있게 한다는 점,
급수가 용이하고 식량을 재배할 수 있는 장소가 있다는 점
을 고려하여 거제도 일원에 대단지 포로수용소를 설치하였
다. 수용소가 설치된 지역은 섬의 중앙에 해당하는 일운면
고현리를 중심으로 용산, 장평, 문동, 양정, 수월, 제산리
와 연초면의 임전, 송정리, 그리고 동부면의 저구리 일대 총
1,200만㎡에 달하는 지역이었다. 1951년 6월에 이미 북
한군 15만, 중공군 2만 명 등 17만 3천여 명의 포로가 수용

▌거제 포로수용소 유적공원. 6 · 25역사관, 분수공원, 대동강 철교 모형, 탱크 전시관, 디오라마관, 흥남철수작전기념비, 포로생활관, 포로 폭동 체험관, 유적박물관 등 다양한 시설과 유적을 확보하여 2002년 개관하였다.

되었다고 하니 가히 그 규모를 짐작할 수 있다.

포로수용소 유적공원 기록에 따르면, 당시 유엔군이 관할하던 모든 포로수용소는 1949년 정해진 제네바 협약의 인도주의 원칙에 따라 엄격히 관리되고 있었다. 국제적십자사 대표들이 수용소 실태를 수시로 점검하였고 서방 언론에서 이 사실을 계속 보도하고 있었기 때문에 유엔군은 국제법 및 관례에 따라 포로를 관리하기 위해 노력할 수밖에 없었다.

부산 등지에서 거제로 이송된 포로들은 자신들이 수용될 장소에 울타리와 철조망, 감시 망루, 천막 등을 직접 설치했다. 수용소 질서는 포로자치제에 맡겨져 있었고, 하루 세끼 식사 제공에 전장에서는 꿈도 꿀 수 없는 숙소, 전투도 없고 행군도 없고 경계근무도 없는, 매일 형식적으로 부과된 업무만 끝내면 되는 편안한 환경이 주어졌다.

거제 포로수용소 폭동은 바로 이런 시혜적 환경 아래 벌어진 사건이다. 포로들은 전장에 비할 수 없이 안정적인 환경을 만나 자체적으로 결집하여 힘을 모으게 된다. 그들은 북한 인민군 군가를 부르거나 공산주의를 찬양하는 선동적인 연설을 하고 미국인을 격렬히 증오하는 구호를 외쳐대는 등 저항적인 행동도 불사했다. 거제 포로수용소는 포로들이 격리 수용된 공간이었음에도 불구하고, 전장과 흡사할 정도로 참혹한 친공 대 반공 유혈사태가 벌어진 세계 역사상 유래를 찾아보기 힘든 특수공간으로 변하고 말았던 것이다.

이와 같은 수용소 내 참담한 전쟁의 실상은 장용학(張龍鶴, 1921~1999)의 단편소설 「요한시집(詩集)」에 잘 묘사되어 있다.

장용학은 1950년 『문예(文藝)』에 단편 「지동설(地動說)」을 발표한 후 피난지 부산에서 교사로 일하면서 본격적으로 창작 활동을 시작했다. 그가 1955년 『현대문학』 7월호에 발표한 단편소설 「요한시집(詩集)」은 전쟁 직후 문단에서 장용학의 작가적 위치를 확고하게 해준 작품이다.

「요한시집(詩集)」은 장용학이 피난지 부산에서 우연히 읽게 된 사르트르의 「구토」에 충격을 받아, 그와 같은 작품을 쓰기 위해 거제도 포로수용소의 실상을 제재로 집필한 작품이다. 장용학은 이 소설에서 전쟁과 이념으로 소외되어가는 인간존재의 문제를 포로수용소라는 특수상황에 빗대어 탁월하게 묘사하고 있다. 이 작품에서 장용학은 동굴에서 탈출하는 토끼의 우화(寓話)와 거제 포로수용소에서 자살한 '누혜'의 이야기를 오버랩하는 독특한 구성방식을 사용하여 인간의 실존에 대한 질문을 던지고 있는데, 특유의 드라이한 문체, 스토리보다는 관념에 치중하는 서술방식, 등장인물들의 기이한 행위, 난삽한 내용 등이 장용학 소설의 특징을 잘 드러내준다.

소설 첫머리에서 독자들은 다소 생소하게 느껴지는 토끼의 우화를 듣게 된다.

한 옛날 깊고 깊은 산 속에 굴이 하나 있었습니다. 토끼 한 마리 살고 있는 그것은 일곱 가지 색으로 꾸며진 꽃 같은 집이었습니다. 토끼는 그 벽이 흰 대리석이라는 것을 모르고 살았습니다. 나갈 구멍이라고 없이 얼마나 깊은지도 모르게 땅속 깊이에 쿡, 박혀든 그 속으로 바위들이 어떻게 그리 묘하게 엇갈렸는지 용히 한 줄로 틈이 뚫어져 거기로 흘러든 가느다란 햇살이 마치 '프리즘'을 통과한 것처럼 방안에다 찬란한 '스펙톨'의 여울을 쳐 놓았던 것입니다. 도무지 불행이라는 것을 모르고 자랐습니다. 일곱 가지 고운 무지개 색밖에 거기에는 없었으니까요.

– 장용학, 「요한시집」 본문 중에서

토끼는 어느 날 그 일곱 가지 고운 빛이 실은 천장 가까이에 있는 창문 같은 데서 흘러들어온 것이라는 사실을 깨닫게 된다. 그 사실을 깨닫는 순간 토끼는 어딘지 몸이 간지러워지는 것 같으면서 까닭 모르게 무엇이 그립고 아쉬워지기 시작한다. 말하자면 일종의 사춘기(思春期), 혹은 하나의 개안

(開眼), 혹은 혁명(革命)이 시작된 것이다. 토끼는 생각한다.

'이렇게 고운 빛이 흘러들어오는 저 바깥세계는 얼마나 아름다운 곳일까……'

난생 처음 바깥 세계에 눈을 뜬 토끼는, 그러나 밖으로 나갈 구멍을 찾을 수가 없어 답답하다. 그러던 어느 날 자기 생일을 맞아 토끼는 드디어 창 쪽으로 발돋움해 손을 뻗는다. 그러자 무지갯빛이던 방안이 까맣게 변하며 토끼는 그 자리에 쓰러지고 만다. 토끼는 온몸이 피투성이가 되도록 창을 통해 바깥으로 기어 나가기 시작한다. 이윽고 토끼는 바깥 세계를 보게 된다. 그러나 그때까지 한 번도 바깥에 나가보지 못했던 토끼는 태양광선이 홍두깨처럼 눈을 찌르는 바람에 눈이 멀어 쓰러져 죽고 만다. 그의 후손은 토끼의 무덤에서 자라난 버섯을 '자유(自由)의 버섯'이라고 명명하며 그 앞에 와서 제사를 지낸다.

작가는 이 우화를 통해 동굴에서 벗어나 바깥 세계로 나가기 위해 자기 목숨을 버리는 토끼의 이야기를 들려준다. 그리고 이같은 우화와 유사한 행동을 보여주는 '누혜'의 이야기를 '나'의 관점에서 관찰하여 들려준다.

전체적인 스토리는 토끼의 우화(프롤로그), 일인칭 관찰자인 내가 누혜의 어머니를 찾아가는 이야기(上), 포로수용소에서 누혜와 함께 지낸 이야기(中), 누혜가 남긴 유서(下), 네 부분으로 구성돼 있다. 토끼 우화에 이은 누혜의 이야기는 다음과 같이 간단히 정리할 수 있다.

누혜가 죽은 뒤 나는 누혜의 어머니가 살고 있는 하꼬방으로 찾아간다. 하꼬방에는 누혜의 어머니가 중풍으로 꼼짝없이 누워있다. 노파는 이미 아사(餓死) 직전 상태. 고양이가 잡아놓은 쥐고기를 생으로 먹으며 겨우 연명하고 있다가 나를 보자마자 '누혜!'의 이름을 부르며 죽어간다.

포로수용소가 들어선 거제 섬에서 나는 누혜를 만났고 잠자리를 나란히 하는 유일한 벗이 되었다. 나는 섬에 온 후 매사를 미지근하게만 느끼며 살고 있지만, 누혜는 수용소의 현재에 만족하는 듯 묵묵히 천막 내의 잔일을 도맡아 하며 지낸다. 그러나 누혜는 수용소 내의 상황에서 언제나 한발 자국 뒤로 물러나 있다. 동료 포로들은 그런 누혜를 비난한다. 어느 날 결국 누혜는 철조망에 목을 매어 죽고 만다.

소설에서 묘사하고 있듯 당시 포로수용소는 내부의 이념 투쟁으로 치열한 전장이나 마찬가지였다. 그것은 순전히 자기 목숨을 보존하기 위한 전쟁이었다.

남을 죽여야 내가 살 것 같았다. 남해의 고도에는 붉은 기와 푸른 기가 다시 바닷바람에 맞서서 휘날리게 되었다. 살기 위하여 그들은 두 깃발 밑에 갈려 서서 피투성의 몸부림을 쳤다. 철조망 안에서의 이 두 번째 전쟁은 완전히 자기의 전쟁이었다. 순전히 자기의 목숨을 보존하기 위한 자기의 전쟁이었다. 그러기 때문에 그 전쟁에 참가하지 않는다는 것은 스스로 생존의 권리를 포기하는 거나 마찬가지였다.

—장용학, 「요한시집」 본문 중에서

217

수용소 내부의 전쟁에 참가하지 않는 것은 스스로 생존의
권리를 포기하는 거나 마찬가지다. 그러나 누혜는 끝내 어
느 쪽에도 가담하지 않는다.

그들의 얼굴에 살기가 떠올랐다.
"대답해라! 너는 반동분자다!"
"……."
여전히 대답이 없다. 대답은 두 가지 중 하나여야 한다. 그런
데 그 두 가지가 다 자기의 대답이 되지 않는 것으로 보고 있는
것 같았다.

-장용학, 「요한시집」 본문 중에서

친공포로들은 그런 누혜를 '누에'라 부르며 빈정대지만,
사실 그는 의용군이 아니고 이북에서 쳐내려온 괴뢰군이었
다. 게다가 전쟁터에서 보여준 용감성으로 최고훈장까지 받
은 인민의 영웅이다. 마치 소설 첫머리에 등장하는 토끼처
럼 공산주의 이념의 굴속에 갇혀 그것이 세상의 전부인 줄
알고 그 속에서 이상사회를 추구하며 살아온 것이다. 그런
그가 전쟁과 수용소 생활을 겪으면서 사상의 변화를 겪게 된
다. 우화 속의 토끼가 경험한 개안(開眼), 즉 순수한 공산주
의자의 '에덴동산에서 올빼미가 울기 시작'하는 상태에 이르
게 된 것이다.
수용소에서 그는 다른 친공포로들과 달리 '적기가(赤旗歌)'
도 부르지 않고 가만히 누워 푸른 하늘을 쳐다보거나 봉황새

나 용이 되어 하늘로 날아가고 싶다는 생각만 한다. 그런 누혜에게 수용소 생활은 두 번째 전쟁이나 마찬가지였다. 인민의 영웅이었던 그는 어느 새 타락한 인민의 적으로 몽둥이질, 발길질을 당하는 처지가 되어 버렸다.

원래 거제도 포로수용소에서는 어느 구역에나 반공포로와 친공포로가 혼합 수용되어 있었다. 처음부터 반공과 친공의 성분이 뚜렷하게 구별되지 않았던 데다가 사상문제 때문에 포로들이 극단적인 자체 분열을 일으킨 사례가 없었으므로 미군 당국은 이 문제에 전혀 관심을 두지 않았다.

그러나 시간이 지나고 친공 대 반공 세력의 대립이 심화되면서 물리적인 충돌이 발생하기 시작했다. 친공포로와 반공포로들 사이에 편갈림이 뚜렷해지면서 투쟁은 갈수록 격렬해졌다. 상호습격과 난투극도 서슴지 않았다. 급기야 친공포로들은 대우 개선과 자유의사에 따른 포로송환 중지, 포로대표위원단 인정 등을 요구하며, 1951년 5월 제76수용소에서 수용소사령관 돗드(Francis T. Dodd) 준장 납치사건을 벌이기에 이른다. 그들은 돗드를 죽이겠다고 위협하며 유엔군과 대치한다. 유엔군의 저지로 3일 만에 돗드 준장이 구출되면서 상황은 종결되었으나 당시 유엔군이 받은 타격은 엄청났다.

이 사건 이후 친공포로들이 주도한 반공포로 학살도 더 격화되었다. 친공포로들은 대규모 반동분자 색출 처단이라는 명분하에 거의 미치광이처럼 각 수용소의 반공포로를 찾아내어 무참히 살해하였다. 각 수용소에서 10명 내지 30명씩 300명에 달하는 반공포로가 학살당하였다. 그들은 살해를 할 때도 급수를 나누어 때려죽였고, 시체는 변소 또는 수용소 내에 매장하거나 때로는 철조망밖에 버렸다.

고은(高銀)은 장용학의 「요한시집」이 바로 이런 곳을 무대로 삼았다고 썼다. 아침에 변소에 가보면 전날 밤 죽은 우익 포로의 손이 오물 위로 솟아 있는 것을 볼 수 있는 곳. 그 손의 전율이 젊은 실존주의 작가의 실존적 테마가 되는 것은 당연한 일일 터, 장용학은 「요한시집」에서는 이런 참혹한 실정을 다음과 같이 묘사하고 있다.

그것은 人間의 限界를 넘은 싸움이기도 하였다. 그렇게 사람을 죽이는 법은 없는 싸움이었다. 아무리 악하고 미워서 견딜 수 없는 적이라 해도 죽음 이상의 벌을 주지 못하는 것이 人間이다! 그렇게 되어 있는 것이 人間이라는 이름이다! 이것은 인간이 가질 수 있는 人間에 대한 마지막 信仰이다! 죽음에는 生의 全重量이 걸려 있다. 그의 罪는 그 生보다 더 클 수 없는 것이고, 죽음이란 끝나는 것이다. 모든 것이 끝나는 것이다. 슬픔도 기쁨도, 간지러움도 아픔도, 피도 땀도, 선도 악도 地上의 모든 約束이 끝나는 것이 죽음이다. 마지막 위로요, 안식이요, 마지막 용서이다!

그런데 거기서는 시체에서 팔 다리를 뜯어내고 눈을 뽑고, 귀 코를 도리어냈다. 아니면 바위를 쳐서 으깨어 버렸다. 그리고 들어서 변소에 갖다 처넣었다. 思想의 이름으로. 人民이라는 이름으로!

그들은 生이 장난감인 줄 안다. 인간을 배추벌레인 줄 안다.
-장용학, 「요한시집」 본문 중에서

인간의 존엄이 사라지고 한갓 배추벌레로 전락해 버리는 상황을 벗어나기 위해 결국 누혜는 철조망에 목을 매는 길을 선택한다. 나에게 세례 요한의 목을 베었던 살로메를 꿈에서 만났다는 이야기를 한 다음날의 일이었다. 스스로 세례 요한과 같은 예언자가 되기를 갈망하였던 이상주의자가 이념과 현실의 벽에 부딪혀 살로메에게 스스로 제 목숨을 내어 준 격이었다.

며칠 후.
"누혜가 자살했다!"
미명의 하늘을 찢어낸 그 소리는, 그가 봉황새가 되어 용이 되어 하늘로 날아올라 갔다는 것을 고하는 종소리인 것만 같았다.
-장용학, 「요한시집」 본문 중에서

그러나 누혜의 시체에는 즉시 가혹한 복수가 가해진다. 그의 시체가 그렇게까지 잔인한 복수를 받아야 했던 까닭은, 그가 인민의 영웅이었다는 점, 그리고 죽기 전에는 아무도 감히 그에게 함부로 하지 못했다는 이유가 가장 큰 것이었다. 포로들은 누혜와 가장 친했던 나에게 누혜의 눈알을 빼들고 밤새 서있으라는 지시를 내린다.

나더러 장난도 아니겠는데 그의 눈알을 손바닥에 들고 해가 동
쪽바다에서 솟아오를 때까지 서 있으라는 것이었다. 나는 엄살을
부릴 수도 있었지만, 누혜의 눈이 아닌가.

멀리 철조망 밖에서는 휘파람을 불며 鄕愁를 노래하고 있는데
나는 누혜의 눈알을 들고 해가 돋기를 기다리고 있다. 이 눈알과
저 휘파람은 어떤 관계 속에 놓여 있는 것인가. 무슨 誤算을 본
것만 같았다. 우리는 무슨 오산 속에 살고 있는 것이다.

– 장용학, 「요한시집」 본문 중에서

밤새도록 누혜의 눈알을 손바닥에 올려놓고 해가 뜰 때까
지 서 있은 후, 나는 비로소 누혜가 왜 하필이면 죽음의 장
소로 철조망을 택했는지 알게 된다. 누혜에게 철조망은 바
로 하나의 '돌파구'였던 것이다.

그때까지도 내 눈에 보인 것은 내가 눈알을 손바닥에 들고 서
있어야 했던 안 세계와 감시세계를 이어놓고도 있는 철조망은 눈
망울에 비쳐는 들었건만 보지 못했었다. 그 철조망에 어느 날 새
벽, 한 시체가 걸리게 되었으니 그것은 하나의 突破口가 거기에
트여짐이다.

–장용학, 「요한시집」 본문 중에서

그리고 누혜의 유서를 읽은 후 나는 비로소 누혜의 생각을
이해하게 된다. '산다는 것은 곧 죄 짓는다는 것'이며, 모든
존재는 다음 순간에 일어난 가능성 앞에 떨고 있는 '전율(戰

慄)'이라는 사실, 그리고 그 '전율'이 곧 '자유(自由)'임을 알게
된다.

그대로 잠자고 있을 것인가, 깨어날 것인가?

누혜의 눈알은 양자택일(兩者擇一)을 요구한다.

그러나 포로수용소처럼 '자유'조차 인간을 구속하는 하나
의 강제가 되어 버리는 환경에서는 어떻게 하겠는가. 실존
의 극한에서는 '자유'조차 뒤에 올 '진자(眞者)'를 위하여 길을
외치는 예언자, 그 신발끈을 매어주고 칼에 맞아 길가에 쓰
러질 '요한'에 지나지 않는다면 어떻게 하겠는가.

「요한 시집」곧 누혜가 남긴 '유서'에서 그는 '생(生)은 설명
(說明)이 아니라 권리(權利)라는 사실, 그리고 포로수용소 안
에서 생(生)을 살리는 오직 하나의 길은 신(神), 영원(永遠)
… 자유(自由)조차 죽이는 길'이라는 사실을 이야기하고 있

| 거제 포로수용소. 철조망 너머 P.W 글자가 선명한 수용소 막사가 보인다. 장용
학의 소설에서 공산주의자 '누혜'는 이 철조망에 목을 매 자살하고 만다. 철조망은
안과 밖을 이어주는 돌파구였다.

다. 자살(自殺)은 누혜에게 있어 마지막 시도이자 기대였던
것이다.

거제도에는 지금도 우리 역사의 아픔이 생생하게 남아 있
다. 특히 고현은 한국전쟁의 깊은 상흔이 채 아물지 않은 채
남아있는 곳이다. 물론 고현은 거제에서 제일 많은 인구가
붐비는 곳이며 대규모 조선소까지 있어 항상 활력이 넘치는
곳이다. 그러나 한때 이곳이 포로수용소 막사로 뒤덮여 있
었던 곳이라는 사실, 우리 현대사에서 가장 비극적이고 처
참한 장소 중 한 곳이라는 사실을 알고 기억하는 이는 많지
않은 듯하다. 상처 입은 풀꽃에서 가장 짙은 향기가 나듯,
거제 포로수용소에서 우리는 영원히 아물지 않을 현대사의
생채기에서 당연히 만나야 할 최선의 가치 즉 '자유(自由)'와
'생명(生命)'의 중요성을 더 뼈저리게 기억하게 된다.

포로수용소에서 석방된 후 김수영이 쓴 시 한 구절을 음미
하면서 이곳의 진정한 의미를 다시 한 번 생각해 보았으면
한다.

그것은 자유를 위한 영원한 여정이었다.
나직이 부를 수도 소리높이 부를 수도 있는 그대들만의 노래를
위하여
마지막에는 울음으로밖에 변할 수 없는
숭고한 희생이여!

나의 노래가 거치럽게 되는 것을 욕하지 마라!

지금 이 땅에는 온갖 형태의 희생이 있거니
나의 노래가 없어진들
누가 나라와 민족과 청춘과
그리고 그대들의 영혼을 위하여 잊어버릴 것인가!

자유의 길을 잊어버릴 것인가!
　－김수영,「조국에 돌아오신 상병(傷病)포로 동지들에게」부분

장용학(張龍鶴, 1921~1999)

소설가. 함북 부령(富寧) 출생. 1940년 경성중학(鏡城中學) 졸업. 1942년 와세다대학(早稻田大學) 상과(商科) 중퇴. 해방과 함께 귀국. 1946년 청진여자중학(淸津女子中學) 교사로 있다가 이듬해 월남했다. 1948년 처녀작 「육수(肉囚)」를 탈고, 한편 다시 한양공고(漢陽工高)에서 교사 생활을 하였다. 작가 활동은 1950년에 『문예(文藝)』에 단편 「지동설(地動說)」로 1차 추천을 받고, 피난지 부산(釜山)의 무학여고(舞鶴女高)에서 교사 생활을 하며, 1952년 단편 「미련소묘(未練素描)」로 2차 추천을 받았다. 1955년에 단편 「요한시집(詩集)」을 발표하고, 그 이듬해에 중편 「비인탄생(非人誕生)」을 발표하면서 작가로서의 위치를 굳히기 시작했다.

한자(漢字)의 혼용(混用), 매우 드라이한 문장, 스토리보다는 관념(觀念)에 훨씬 더 치중한 서술(敍述), 등장인물들의 기이한 행위, 난삽(難澁)한 내용, 대체로 이런 것이 특히 주목을 받게 하였고, 그 중에서도 한자의 혼용과 관념에 치중한 서술은 소설에 대한 일반의 견해를 뒤엎으려는 것 같은 매우 대담한 시도였으므로, 일부 식자(識者)들에게서 '이것도 소설이냐'라는 논란이 일어나기도 했다. 그러나 '관념소설(觀念小說)'의 일종으로서 현대의 인간조건을 매우 진지하게 추구하는 노력으로 높이 평가되기도 하였다.

1958년에 중편 「역성서설(易姓序說)」을 발표하고, 1960년대 초에는 한때 덕성여자대학(德成女子大學) 교수생활을 하다가 언론계로 옮겨 『경향신문(京鄕新聞)』, 『동아일보(東亞日報)』등의 논설위원으로 활약하며 작품 활동을 계속, 1962년에 장편 『원형(圓形)의 전설(傳說)』, 1963년에 중편 「위사(僞史)가 보이는 풍경(風景)」 등을 발표하였다. 그밖에도 단편으로는 「찢어진 윤리학(倫理學)의 근본문제(根本問題)」, 「인간종언(人間終焉)」, 「무영탑(無影塔)」, 「기상도(氣象圖)」, 「부활미수(復活未遂)」, 「그늘진 사탑(斜塔)」, 「사화산(死火山)」, 「대관령(大關嶺)」, 「현대(現代)의 야(野)」, 「상립신화(喪笠神話)」 등을 발표하였고, 장편으로는 『태양(太陽)의 아들』이 있으며, 희곡 「일부변경선(日附變更線) 근처(近處)」(4막 5장)를 발표했다.

윤후명, 지심도(只心島)에서 사랑을 찾다

사람들이 힘든 결정을 내릴 때 찾아갈 수 있는 의미 있는 장소 하나씩을 가질 수 있다면 얼마나 좋을까. 언제든 자기 자신과 중요한 약속을 할 때마다 찾을 수 있는 자기만의 섬 하나씩 품고 살 수만 있다면 삶이 가파른 벼랑 끝처럼 그렇게 무섭지는 않을 것이다.

소설가 윤후명(尹厚明, 1946~)에게 거제 지심도(只心島)는 바로 그런 곳이다. 오직 자기만의 섬. 언젠가 다시 삶을 시작한다면 다시 시작하는 장소가 되리라 생각한 섬. 항상 다시 찾아가고 싶다는 지독한 열망을 품게 해 준 마음의 섬. 동화 속 주인공처럼 어여쁜 팔색조를 찾아가게 해준, 동백꽃술처럼 아름답고 지순한 마음을 되찾아가게 해준 섬. 지심도는 바로 그런 곳이다.

거제 장승포항에서 남동쪽으로 5km 정도만 배를 타고 나가면, 작은 바닷새 한 마리가 내려앉은 듯 비스듬히 떠있는 작은 섬 하나를 만나게 된다. 윤후명의 시(詩) 「비스듬히」에 나오는 구절처럼, 배를 타고 20분쯤 들어가면 지심도가 '수평선에 걸려있는 약속'마냥 어김없이 그 자리에 나타난다.

지심도(只心島).

하늘에서 내려다본 모양이 '마음 심(心)'자를 닮았다고 하여 '지심도(只心島)'라 불리는 섬이다.

행정구역은 거제시 일운면 옥림리. 장승포 동사무소 앞 도선장에서 매일 다섯 차례 배가 출발한다. 한려해상국립공원 해금강 지구의 시작점이며 총 면적 0.36km^{2}에 해안선 길이 3.7㎞. 느린 걸음으로 두 시간만 걸으면 섬 전체를 돌아볼 수 있다.

사실 지심도에서는 특별히 할 일이 없다. 동백림(冬柏林) 오솔길을 따라 다음 배 시간까지 두 시간 남짓 사뿐사뿐 가볍게 섬을 한 바퀴 돌아보기만 하면 된다.

동백 오솔길은 배가 닿는 선착장에서부터 시작된다. 선착장에서 마을로 들어가는 경사로로 올라가서 몇 걸음만 떼면 아름드리 동백이 서둘러 마중을 나온다. 섬 전역에 동백나무·소나무·유자나무·후박나무 등이 자생하고 있는데, 동백 원시림이 섬 면적의 70퍼센트를 차지하고 있어 동백섬이라 불러도 손색이 없을 정도다.

지심도의 동백 오솔길. 한낮에도 캄캄하게 느껴질 만큼 숲이 깊고 짙다.

지심도에서 자생하는 동백나무는 대부분 다른 곳에서는 만나기 힘든 아름드리나무들이다. 윤후명의 표현대로라면 '바오밥나무처럼 꾸불꾸불 가지를 벌리고 아름드리로' 자라 있다. 게다가 육지의 여느 동백처럼 흔해빠진 개량형 겹꽃동백이 아니라 귀하디귀한 토종 홑꽃동백이다.

이른 봄철이면 작고 단단하고 도톰한 홑꽃동백이 만개하여 아름드리 숲을 빨갛게 물들인다. 이

즈음 지심도를 찾으면 빨간 동백꽃이 진초록의 나뭇가지 위에서 한 번 피었다가 후두둑 떨어져 땅바닥 위에서 또 한번, 도합 두 번 피어난다는 사실에 놀라게 된다. 무성한 가지 위에도 땅바닥에도 민박집 지붕 위에도 마당의 평상 위에도, 붉은 동백이 지천으로 피어난다.

여름 숲의 울울창창함 역시 육지의 여느 숲에 비할 수 없을 만큼 짙고 깊다. 특히 여름철 지심도는 멸종위기의 천연기념물 '팔색조(八色鳥)'가 찾아드는 곳으로 유명하다. 온몸이 무지개 색으로 빛나는 작은 여름 철새인 팔색조가 해마다 여러 쌍 규칙적으로 날아와서 이곳 해안의 울창한 숲에 둥지를 짓고 알을 낳는다. '호오이, 호오이' 통소 소리를 내는 팔색조의 울음소리를 들으면서 동백 숲 사이로 비밀스럽게 나 있는 길을 걷는 기분. 상상만으로도 오감이 기분 좋게 긴장될 것 같다. 윤후명의 소설에도 이런 대목이 나온다.

"하긴 팔색조가 그 섬에까지 오느냐 안 오느냐 하는 문제는 여러 사람들이 왈가왈부하고 있지만요."

그는 더 남쪽으로 가면 팔색조가 날아와 '호오이 호오이'하고 우는 소리를 어렵지 않게 들을 수 있으나 그 섬에서는 들었다는 사람과 들을 수 없었다는 사람이 반반이라는 것이었다.

"호오이 호오이 우는 것은 암놈이고 수컷은 꿔어이 꿔어이 울지만요, 암놈 소리는 꼭 숲 속에서 사람이 부르는 것 같아요. 호오이 호오이."

"새가 큰 모양이지요?"

"아뇨. 참새만 해요."
　　　　　　　　　　　　　 – 윤후명, 「팔색조–새의 초상(肖像)」 본문 중에서

팔색조의 소리가 '호오이'든지 '꿔어이'든지, 또 설령 팔색조를 발견하지 못한다 해도 아쉬울 일은 없을 것이다. 한낮에도 어둑어둑한 숲길을 걷다보면 이 섬이 왜 '지심도'인지 알 수 있을 테니까.

지심도에서는 길이 오직 한 방향으로만 나있어 두리번거릴 필요가 없다. 주위에 눈 돌릴 만한 특별한 것도 없다. 지심도를 걸을 때는 오직 지금 이 순간 내가 걷고 있는 길만 묵묵히 쳐다보며 걸으면 된다. 그것으로 족하다. 길을 걸으면서 '지심(只心), 다만 그 마음'이 들려주는 이야기에만 귀를 기울이면 되는 것이다.

지심예심, 동백꽃술 같은 마음의 섬

섬에는 1954년 개교했다가 1994년 문을 닫은 일운초등학교 지심분교 교사(校舍)와 운동장도 남아 있다. 동백 숲 오솔길로 들어서기 전, 섬 입구에 옹기종기 모여 있는 민박촌 길 끝에 이르면 좁다란 폐교 입구가 등장한다. 그리고 그곳에는 너무나 예쁜 표지석이 하나 세워져 있다. 한자 전서체로 '지심예심(只心·蕊心)'이라 쓴 시멘트 비석이다.

지심예심(只心·蕊心)이라니!

'바로 이 마음, 꽃술 같은 마음'이라 해석하면 될지….

흰색 바탕에 청록색 붓글씨로 심장의 모양을 상형한 '마음

심(心)’자를 전서체로 무려 다섯 글자나 써넣은 비석. 도대체 누가 쓴 것일까. 참으로 ‘지심도다운’ 비석이 아닌가. ‘꽃술예(蕊)’자처럼 동백꽃술을 닮은 글자가 있을까. 꽃술을 꽃의 심장으로 상형한 옛사람의 감수성이 새삼 향기롭다. 지심도를 찾는 사람들이 모두 다 이런 꽃술 같은 마음을 품고 가기를 바라는 섬사람의 생각을 표현한 것이리라.

지심분교 입구에 세워져 있는 ‘지심예심(只心蕊心)’ 표지석. 한자 전서체로 써놓은 것이 특이하다. 지심도를 찾는 사람들이 부디 ‘꽃술 같은 마음’을 갖기 원하는 섬사람들의 생각을 표현한 것이리라.

일운초등학교 지심분교 교사. 지금은 폐교되어 사용되지 않는다.

자세히 보면 바탕에 '충효'라고 돌을새김 해 놓은 것이 보인다. 아마도 옛 지심분교의 교문 앞에 세워두었던 표지석을 재활용한 것일 게다.

나무로 지은 소박한 교사(校舍)와 작은 운동장도 참 아늑하다. 이 운동장에서 깔깔거리면서 뛰어놀았을 아이들의 모습이 그려진다. 한때 지심도에서 농사짓고 고기 잡고 아이들을 키우면서 그들만의 공동체를 이루었을 주민들이 삶이 짐작된다. 지금 지심도 거주민은 12가구 20여명. 대부분 민박집을 운영하면서 생계를 꾸려간다.

지심도에는 일제강점기 일본군이 세운 포진지와 탄약고, 방공호, 활주로도 남아 있다. 대마도와 가장 가까운 곳인 만큼 일제 때 일본군 1개 중대가 주둔하며 군사적 요충지로 활용한 흔적이다. 일본에서 군신(軍神)으로 추앙받는 도고 헤

| 일제시대에 만든 포진지와 탄약고. 해방 전까지 일본군 1개 중대가 지심도에 주둔해 있었다.

일제시대에 만든 활주로. 남쪽 해안선을 따라 작은 활주로가 닦여 있다.

일제시대 지심도에 주둔했던 군부대 시설에 전력을 공급하던 전등소 소장의 사택. 전형적인 일본식 가옥으로 원형 그대로 잘 보존돼 있다.

이하찌로(東鄉平八郎) 제독이 러시아 발틱 함대를 궤멸시킨 곳도 바로 이 섬 앞바다였다. 포진지 부근의 활주로에 서서 탁 트인 바다를 조망하는 경치가 아름답기 그지없다. 대마도 방향으로 탁 트인 남쪽 해안을 따라 잘 닦인 활주로에서 바라보면 흰 해식애(海蝕崖)와 망망한 수평선이 그림처럼 펼쳐져 있다.

그 섬에 팔색조가 깃드는가, 안 깃드는가

윤후명의 단편 「팔색조─새의 초상(肖像)」은 새를 찾아 이 섬으로 들어온 주인공이 예기치 않았던 환상적인 사랑을 경험하게 된다는 내용의 소설이다. 지심도(只心島)가 무대인 소설이다.

소설가 윤후명에게 거제도와 지심도는 각별한 의미가 있는 곳이다. 1983년 여름 윤후명은 당시 거제 '대우조선'(지금의 '대우조선해양')의 후원으로 3개월간 거제도에 머물면서 소설 쓸 기회를 얻게 된다. 거제 지역에 기반을 둔 회사가 숙소와 체재비를 제공하고 글을 쓰게 해주는 예술가 레지던시 프로그램에 윤후명을 초청했던 것이다.

회사에서는 옥포호텔을 숙소로 내준다고 했지만 윤후명은 지나친 호사라 여기고 이를 마다했다. 대우조선 근로자숙소에 거처를 정한 후 그는 혼자서 거제도의 이곳저곳을 떠돌아다녔다. 1967년 시인으로 등단한 후 십여 년 만에 소설가로 재출발한 지 얼마 되지 않았을 때였다. 작가 자신 여러 강연회와 인터뷰에서 그때는 '정말 소설가로서 살 수 있을까'라는 의문 속에서 이 바닷가를 헤맸다'고 회상한 바 있다. 하여 그는 옥포를 비롯하여 능포, 외포, 장승포 등 일대의 포구와 고현의 포로수용소 유적지 등 발길 닿는 대로 뭔가 구체적인 '현장'의 이야깃거리를 찾기 위해 헤매고 다녔다. 굳이 거제도까지 내려온 것도 어쩌면 새로운 돌파구를 찾고 싶어서였을 것이다.

그러나 그때까지 그의 눈에 들어온 거제 섬은 뭔가 얼토당토않게 '섣부른 도시화로 얼룩진 곳'일 뿐이었다. 그것은 작가가 상상했던 바닷가 마을과는 거리가 멀었다. 갈매기가 날고 섬 아낙네가 조개를 줍는, 그런 작고 아름답고 아늑한 포구가 아니었다. 이런 실망감은 1986년 발표한 그의 소설 「팔색조−새의 초상」에도 솔직하게 표현되어 있다.

왜 그랬던 것일까. 그것은 아마도 선창 앞에서부터 줄지어 늘어서 있는 이른바 요상한 술집들 탓이었을 것이다. 그 술집들은 야단스러운 그 이름에서부터 '이곳은 예사 동네가 아닙니다'라고 말해 주고 있었다. 낮에 술집 앞을 지나노라면 하늘하늘한 얇은 천으로 된 긴 잠옷을 걸친 호스티스들이 아무 거리낌 없이 문 밖까지 들락거렸다. (중략) 아예 영문자로만 쓰여진 간판에서부터 은좌, 황태자, 귀빈, 성좌, 목좌, 러브, 파인트리, 준, 돌고래, 모두랑, 무랑루즈, 석등, 천궁회관 등등 요란한 이름의 술집들. 그러니까 그 포구를 찾아간 것부터가 잘못이라고 할 수 있었다. 어쩔 도리가 없었다. 나는 그곳에서 여름을 지나며 그곳에 관한 어떤 보고서를 작성하도록 되어 있었다. 먹고 살기 위해서 맡은 일인 만큼 좋으나 싫으나 여름 동안 그 포구는 내 일터였다.

– 윤후명, 「팔색조–새의 초상」 본문 중에서

「팔색조–새의 초상」의 주인공인 '나'는, 대기업의 후원을 받아 섬에 내려온 윤후명 작가처럼, 돈을 받고 이 섬에 내려왔고 한여름 동안 포구 생활을 한 후 어떤 종류의 보고서를 작성해서 내야 하는 입장이다. 그러나 섬에 내려와 한여름을 꼬박 보내고도 그럴듯한 글감을 찾지 못하고 하루하루 생활에 진력을 내던 참이었다. 그러던 어느 날, 나는 우연히 이 섬에 딸린 한 작은 섬에 대한 이야기를 듣게 된다.

"거길 가 보셨습니까?"

작은 섬에 대한 이야기를 꺼낸 사람은 내가 그 섬에서 나쁜 인상만을 가지고 있다가 떠날까봐 걱정하고 있는 것 같았다. 그는 그곳의 동백나무를 이야기했고, 그러나 지금은 동백꽃을 볼 수 있는 계절이 아니어서 유감이라고 덧붙였다.

"동백꽃이 필 때 다시 한 번 와야겠군요."

나 역시 그의 뜻에 동조한다는 듯이 말했다. 그러나 실은 나는 내가 동백꽃을 보러 일부러 어디로 찾아갈 만큼 동백꽃에 대하여 성의를 가지고 있지는 못하다는 것을 잘 알고 있었다. 동백나무의 잎과 꽃은 내게는 색깔이 너무 짙은 것이다. 그러자 그가 이야기한 것이 팔색조였다. 여름철 철새이므로 벌써 날아와 둥지를 틀었을 것이라고 그는 덧붙였다.

— 윤후명, 「팔색조−새의 초상(肖像)」 본문 중에서

　　포구의 정떨어지는 한심한 분위기가 나로 하여금 새로운 무엇에 관심을 갖지 않을 수 없게 했다. 팔색조가 아니어도 그만이었다. 그래서 나는 심심풀이 삼아 작은 섬으로 떠나기로 했다. 팔색조를 꼭 찾겠다는 결심은 없었다. 다만 확실한 것은 그 섬으로 무엇인가를 찾아 나선다는 사실이다. 그거면 충분했다.

지심도 선착장에 설치되어 있는 '뜰채'. 지심도에서는 지금도 뜰채를 이용한 전통적인 방법으로 고기를 낚고 있다.

지심도와 장승포 사이를 오가는 여객선.
맞은편에 거제도 장승포항이 보인다.

지심도 선착장.

며칠 후 나는 배를 타고 지심도로 들어갔다. 그러나 갑자기 파도가 높아져서 미지막 배를 놓치고 섬에 갇히고 만다. 그리고 나처럼 섬에 갇힌 여자를 만나게 된다. 나이는 어림잡아 이십대 후반쯤. 그 여자는 배 때문에 꼼짝없이 섬에 '사로잡혔다'고 표현했다. 그리고 이렇게 한 번쯤 사로잡혔다 풀려나면 오랜 동안 괜찮아진다고 말한다.

"이 섬엘 자주 오는 편인데 저도 오늘은 실수를 했군요. 파도가 늘 말썽이에요. 배가 없으면 꼼짝없이 사로잡히니까요."

"사로잡힌다…."

나는 그 말에 언뜻 놀랐다. 섬에서 뱃길이 막히면 언제나 갇힌다고만 생각해 왔던 나였다. 갇힘과 사로잡힘은 본원적으로 다른 것이다. 짐승이 함정에 빠질 때 그것은 갇힘이 아니라 사로잡히는 것이다.

"그러니까 이 가까운 섬에 오는 것도 모험이에요. 어쩌면 이렇게 사로잡힐 기회를 스스로 엿보는 거니까요. 이렇게 한번쯤 사로잡혔다 풀려나면 오랜 동안… 오랜 동안… 괜찮아요."

− 윤후명, 「팔색조−새의 초상(肖像)」 본문 중에서

젊은 여자의 입에서 '사로잡힌다'는 말이 나오자 주인공은 혼란스러워 한다. 그리고 '갇힘'과 '사로잡힘'의 의미에 대해 생각한다. 어떤 공간에 그저 갇히는 것과, 탈출하기 위해 몸부림을 치다가 사로잡혀 버리는 것 사이에는 본원적인 차이가 있다. 그녀는 섬에서 탈출하기 위해 백방으로 노력했지만 파도 때문에 어쩔 수 없이 사로잡히고 말았다고 했다.

소설에서 나는, 그녀가 나 역시 그녀처럼 '사로잡히는 꼴'이 된 것을 즐거워하고 있다고 느낀다. 그리하여 나는 그녀와 함께 동백나무 아래에 앉아 몇 병의 음료수와 술과 대구포 등을 먹고 마시며 팔색조를 찾으러 섬에 들어온 이야기를 들려 주었다. 팔색조와 박제에 관한 이야기 외에 뚜렷이 오

지심도 민박촌 입구. 윤후명의 소설 「팔색조−새의 초상(肖像)」에서 주인공은 이런 동백나무 아래에 멍하니 앉아 있다가 여자를 만나게 된다.

간 이야기는 없었다. 모든 것이 희미하고, 희미하고, 끝없이 희미했다. 그리고 그날 밤 두 사람은 하룻밤을 함께 보내게 된다.

나는 그날 밤 어느 순간 속에서 박제의 새와 인간의 말로 사랑을 속삭이고 있었다. "내가 널 잡아 박제로 만들었지. 넌 썩지 않고 영원히 그 모습으로 날 사랑하게 될 거야." "아, 아, 당신은 어리석어요. 당신은 내게 사로잡힌 몸이에요." 나는 새의 딱딱한 부리에 입을 맞추었다. "새도 혓바닥이 있던가?" "남잔 다 바보예요. 혓바닥 없는 새가 어디 있겠어요. 자, 보세요. 밀렵꾼 선생님." 박제의 새가 차고 딱딱한 부리를 들이밀었다. "당신은 날 박제로라도 갖고 싶으신 건가요? 그건 안 될 말이에요. 오늘밤만 우리는 서로의 것이에요. 우리는 최선을 다하고도 이 섬을 빠져나가지 못한 거예요. 사로잡힌 꼴이지요. 파도가 늘 말썽이에요. 하지만 내일이면 우린 다시 자유로운 몸이 될 거예요." 꿈이었던

239

가, 생시였던가, 내가 껴안았던 그 뜨거운 몸이 박제된 새의 몸
뚱이였던가….

– 윤후명, 「팔색조–새의 초상(肖像)」 본문 중에서

다음날 그녀는 먼저 배를 타고 섬을 떠났다. 나는 포구로
돌아와서야 그녀의 신상에 대해 아무 것도 모른다는 사실을
깨달았다. 여자의 얼굴도 뚜렷이 기억나지 않았다. 그날 저
녁 어두컴컴한 동백나무 그늘 아래에서 보았던 여자의 얼굴
이 '마치 옛 구리거울 속에서처럼' 막연히 흐리게 떠오를 뿐
이었다.

그 후 나는 보고서 쓰기도 포기하고 매일같이 미칠 지경이
되어 그 여자를 찾아다녔다. 작은 섬에도 몇 번 갔지만 그녀
의 모습은 어디에서도 찾을 수가 없었다.

그러다가 여름이 다 지나고 섬을 떠날 날이 성큼 다가온
어느 날, 우연히 그 여자를 다시 만나게 된다. 집에서 부친
우편환을 바꾸기 위해 들른 우체국에 그녀가 와 있었던 것
이다. 나는 피가 거꾸로 흐르는 느낌이었다. 그녀가 확실했
다. 나는 정신을 가다듬고 그녀에게로 갔다.

"저, 절 모르시겠습니까?"
당황한 것은 나였다. 그녀가 나를 몰라볼 리가 만무했다. 혹시
내가 잘못 본 것인지도 모르지만 그럴 리도 만무했다.
"누구시죠?"
그녀는 차갑게 잘라 말했다.

"저… 팔색조… ."

"네?"

그녀의 차가운 눈길이 내 얼굴을 스쳐갔다.

– 윤후명, 「팔색조-새의 초상(肖像)」 본문 중에서

여자는 경멸하는 투로 사람을 잘못 본 모양이라며 떠나가 버린다. 순간 나는 그 섬에서 팔색조를 찾았노라고 거짓말을 한다. "틀림없습니다. 당신이 틀림없습니다. 그 뒤 나는 그 섬에서 팔색조를 찾았습니다!" 그녀는 잠깐 동요하는 듯했지만, 시치미를 떼고 곧 바깥으로 나가 버렸다.

장승포 우체국. 윤후명의 소설 「팔색조-새의 초상(肖像)」에서 주인공은 섬에서 만났던 여인을 찾아 헤매다가 이 우체국에서 우연히 다시 만나게 된다.

그녀가 떠난 후, 주인공은 비로소 중요한 사실을 깨닫는다. 그녀가 진실로 그를 몰라보았다 하더라도 그녀를 탓해서는 안 된다는 것. 왜냐하면 그날 그 섬에서의 행동은 결코 일상의 행동이 아니었기 때문이다. 그것은 사로잡힌 몸과 영혼의 자유로워지기 위한 시도 혹은 몸부림이었다. 사로잡힌 짐승은 함정에서 빠져나가기 위해 어떤 몸부림도 비일상적인 행동도 서슴지 않는 법이다.

그는 그 사실을 망각하고 일상의 그녀를 찾아 헤맸다. 그것은 사랑이라는 이름으로 그녀를 박제하려는 행위일 뿐이었다. 사랑 가운데는 한 순간 스쳐 지나감으로써 더욱 영원해지는 사랑도 있을 것이다. 그러나 그는 그녀의 몸부림을 어리석게도 박제하려 했다. 그리함으로써 그의 귓전에서 계속 '호오이 호오이' 부르고 있었을지도 모르는 팔색조의 울음 소리를 영원히 사라지게 만들어버렸다.

결국 그는 팔색조의 행방을 묻는 모든 이에게 다음과 같이 되물을 수밖에 없게 되었다.

그래서 이제 누군가 내게 그 섬에 팔색조가 오는가 안 오는가 묻는다면 다음과 같이 되물을 수밖에 없음을 밝혀두고자 한다.

그 섬에 팔색조가 깃드는가, 안 깃드는가.

그대의 마음이 영원히 그 새가 우는 소리를 듣고자 원하는가, 그렇지 않은가….

— 윤후명, 「팔색조—새의 초상(肖像)」 본문 중에서

사랑이 이루어지는 섬, 지심도

나는 분명히 팔색조를 찾아 그 작은 섬에 갔다가 그녀를 만났다.
　　　　　　　－ 윤후명, 「팔색조－새의 초상(肖像)」 본문 중에서

　윤후명의 소설은 독자들 사이에 '시와 같은 소설', 즉 뚜렷한 이야기 전개 없이 주인공의 사유의 궤적을 따라가는 특유의 방식으로 잘 알려져 있다. 낯설지만 아름다운 문체, 논리적 구성을 초월한 이야기들이 변화무쌍하게 전개되는 이런 기법은 얼핏 보기에 소설인지 산문인지 구별이 가지 않는다. 이런 경향을 굳이 짚어서 이야기한다면 윤후명은 대체로 '나'에 의해 견인되는 사소설(私小說)의 범주를 자신의 영토로 삼아온 소설가라 할 수 있다. 거제를 무대로 한 소설 「팔색조－새의 초상(肖像)」(1986)과 「섬」(1985)은 그러한 사소설적인 느낌이 특히 두드러지는 작품이다.

　사소설이란 작가 자신이 주인공이 되며 자기 체험과 일상적 삶을 소재로 하여 문학적 감수성을 추구하는 소설이다. 물론 위에서 말한 두 작품이 백 퍼센트 윤후명의 경험이라는 근거는 없다. 그러나 작가가 최근 여러 강연회와 인터뷰 기사들에서 회고한 바를 참고하면, 1983년 거제로 갔을 때 작가의 심경이 두 작품의 화자 '나'의 그것과 별반 다르지 않았다는 점에서 작가와 주인공의 구별이 매우 모호함을 알 수 있다.

　이런 사실은 윤후명이 거제 체류 직후 발표한 1985년작

소설 「섬」에 매우 뚜렷하게 나타난다. 「섬」의 일인칭 화자 '나'는 거제에 도착해서 숙소를 정한 후 한 달여 동안 지내면서 느낀 감정을 다음과 같이 표현하고 있다.

6월 중순이라면 거제도에 거처를 정한 지도 벌써 한 달이 넘었을 무렵인데도 나는 엉거주춤한 채로 하루하루를 보내고 있었다. 아무 일도 하지 못하고 마음은 물 위에 뜬 부평초처럼 허공에 떠서 바람에 흔들렸다. 나는 잠시도 방안에 붙어 있지를 못하고 밖으로 나돌았다. 밖에 무엇이 있어서도 아니었다. 햇빛은 아직 완두콩 빛을 띠며 여렸고, 만(灣)의 바닷물은 흐렸다. 내게 주어진 임무는 열심히 일하는 사람들의 현장에 대한 접근이었다.

– 윤후명, 「섬」 본문 중에서

「섬」의 주인공 '나'는 '이연식(李然植)'이라는 국졸 학력의 조선소 용접공을 만난다. 그가 일하는 철판과 철골과 골리앗 크레인의 거대한 '현장'은 여태까지 내가 살아온 삶을 '구름 위에서 있었던, 꼭두의 그림자놀이 같은 일처럼' 느껴지게 만들었다. 그렇다고 해서 그동안 내가 '현장'에 있지 않고 어디를 헤매고 있었던 것은 아니다. 나 역시 거제도로 내려오기 전까지 다른 사람들처럼 '출퇴근 버스에 시달리며 직장생활을 하고, 술 취해서 돼먹지 않은 울분을 토하고, 밥 먹고 똥 싸고, 결혼하고, 그리고 이혼'까지 하면서 살아왔다. 그것이 비록 자갈 짐을 지고 철근을 자르는 일이 아니었다고 해도 현장이 아니었던 것은 아니다.

하여 나는 쓴 입맛을 다시며 '구름 위'가 아닌 '현장'으로 접근하기 위해 여기저기 들쑤시며 다닌다. '현장'에 목말랐던 작가에게는 당시 세계 1위로 도약하고 있던 조선소가 들어서 있는 거제야말로 '제대로 된 현장'이었다. 그러나 이 '제대로 된 현장'에서 만난 이연식이라는 친구와의 만남은 그리 오래 가지 못했다. 시급 650원 받고 일하는 용접일을 하는 것보다는 결혼해서 중국집을 차리는 것이 더 낫다며 꿈에 부풀어 있던 이연식이 뜻밖에도 갑판에서 실족해 죽고 말았기 때문이다.

이후 발표한 「팔색조―새의 초상」에서는 그렇게 '현장'을 찾아 헤매던 작가가 다소 '구름 위' 같은 장소를 발견하는 이야기가 나온다. 섬과 섬 사이처럼 다가갈 수 없는 인간의 마음이 쉬어가는 섬, 지심도의 매력에 푹 빠졌던 것이다. 그때 그는 지심도와 팔색조 그리고 거제도의 바다를 발견했다.

그런데 곰곰 생각해 보면 윤후명에게 진짜 '현장'은 골리앗 크레인이 움직이는 조선소 현장이 아니라 예나 제나 우거진 동백나무 숲으로 이루어진 섬이었던 것 같다. 2009년 발표된 소설 「섬2」에서 작가는 25년 전인 1983년의 일을 다음과 같이 쓰고 있다.

오랜만에 찾은 거제 지심도는 예나 제나 우거진 동백나무들이 경탄스러웠다. 25년 전인 1983년, 글을 쓴다는 명목으로 거제에 머물렀던 나는 그 섬을 '발견'하고, 다른 사람들에게 널리 알려지면 손길발길에 망가질까봐 내놓고 이름을 부르기를 망설였다.

자기 마음에 섬 하나를 갖지 못한 사람은 얼마나 공허하겠는가,
하며. 게다가, 어떻게 붙여졌는지는 몰라도, 그 뜻 또한 얼마나
간절하던가. 지심, 이(只) 마음(心)!

– 윤후명, 「섬2」 본문 중에서

「섬2」에서 작가는 일인칭 화자가 작가 자신임을 숨기지 않
는다. '나'는 작가 자신의 목소리로 25년 전 「섬」과 「팔색조-
새의 초상」을 쓸 때의 일을 담담히 이야기하고 있다. 당시
윤후명은 차마 섬 이름을 세상에 내놓을 수 없었노라고 했
다. 다른 사람들이 그 섬을 발견하고 망가뜨려 놓을까봐 내
놓고 이름을 알리지 못했다는 것이다. 지심도가 오직 자기
만의 섬이 되기를 갈망했던 작가의 마음이 잘 드러나는 대목
이다. 이런 마음은 25년이 지난 후에도 여전하였다.

세월이 아질아질 흘렀건만 나는 그 섬을 '나의 섬'으로만 품고
싶다는 게 솔직한 심정이었다. 그 섬을 소재로 소설 「팔색조」를
쓰면서도 남들은 모르기를 바랐었다.

– 윤후명, 「섬2」 본문 중에서

그러나 지심도는 숨기려야 숨길 수 없는 섬이었던 것 같
다. 결국 행정자치부에서 선정하는 우리나라의 섬 베스트
30에 선정되어 세상에 널리널리 알려져 버렸으니까.
윤후명에게 지심도는 그렇게 아까운 섬이었다. 그는 그 섬
을 자기의 섬으로만 품고 싶어 했다. 마치 바닷가 길 모퉁이

에서 문득 발견한 엉겅퀴꽃이 이제까지의 흔한 엉겅퀴들 속에서 전혀 새로운 엉겅퀴가 되는 것처럼 말이다.

윤후명이 이렇듯 지심도에 몰두한 이유가 무엇이었을까.

그야말로 원시 그대로인 지심도의 자연은 작가 윤후명으로 하여금 자신이 글에서 표현해온 '사랑'을 새삼 확인해 주는 것이었다. 남들이 다들 사랑할지라도 '나만의 섬'이라고 믿으면 그런 것이라는 믿음. 그래서 작가는 말한다.

나는 지심도를 '발견'한 이래 내 사랑은 그곳에서 이루어져야만 완성될 수 있다는 믿음을 키웠다. 그러나 사랑이란 쉽게 찾아오지 않는 것이다. 그래서 나는 그 섬으로 갈 날을 기다릴 수밖에 없었다. 그 섬에서만이 사랑은 이루어질 수 있다는 믿음은 절대적이었다.

– 윤후명, 「섬2」 본문 중에서

이 믿음대로 윤후명은 실제로 이 섬에서 자신의 사랑을 이루게 된다. 역시 자전적 소설인 「섬2」에서 이런 정황이 구체적으로 묘사되어 있다.

H와 함께 지심도로 간 것은 여러 해가 지난 1991년이었다. 안산에서 살고 있던 나는 피폐해질 대로 피폐해져 있었다. 그때 그녀가 나타나 나를 일깨웠다. 며칠째 퍼마신 술로 몸을 가눌 수조차 없을 지경이었으나, 부산까지 밤 열차를 타고 새벽에 여객선에 올랐다. 사랑이란 시작부터 완성을 품어야 한다. 그 섬에

가서 시작하지 않으면 이루어질 수 없다. 나는 그녀에게 말했다. 믿음에의 확인이 따르지 않으면 완성은 없다. 섬에 이르는 길은 그 가르침을 되새겨주었다. 그리하여 마침내 나는, 우리는 지심도에 이른 것이었다. 나는 열차역 대합실에서도 긴 의자에 술 취한 몸을 눕혀야만 했다. 그러나 사랑이 이루어지려면 그 섬에서 시작하지 않으면 안 된다. 나는 굳게 믿었다. 그럼으로써 첫 발자국을 떼어놓아야 멀고 먼 길을 걸어갈 수 있다는 믿음이었다. 다시는 실패가 없기 위해서 그 제의(祭儀)는 필수였다. 지심도의 의미는 그것이었다. 간절히 간절히 기도하면, 누군들 그 꿈이 이루어지지 않으랴.

— 윤후명, 「섬2」 본문 중에서

　작가 윤후명은 실제로 삶을 포기할까 말까 고민하던 시절 자신을 찾아온 여성과 함께 지심도에 왔다. 그리고 그 극적인 사랑을 이루었다.

「섬2」에서 H라는 머리글자로 불린 여성과의 결혼 이야기는 한국 문단에서는 유명한 이야기이다. 1990년대 초에 윤후명은 '글 쓰다가 술 먹고 죽겠다'는 마음으로 술에 빠져 사경을 헤매고 있었다. 매일 소주 7병씩 마시는 것은 기본이었고, 환청과 환상으로 10층 건물에서 그냥 뛰어내려도 고양이처럼 사뿐 내려앉을 것 같은 기분에 사로잡혀 살았다. 그때 지금의 부인 허영숙 씨를 만났다. 삼양통상 고(故) 허정구 회장의 둘째 딸이었다.

　두 사람의 결혼은 집안의 반대에 부딪쳤다. 상대가 대한민국 재계순위 다섯 손가락 안에 드는 재벌가의 딸이었으니 당연한 일이었다. 결국 두 사람은 지심도로 사랑의 도피여행을 떠나게 된다. 그리고 그곳 민박집에서 부친의 결혼 승낙 전화를 받게 된다.

결혼식도 한 편의 드라마처럼 극적으로 이루어졌다. 통영에서 2박3일 동안 민족문학작가회의가 주선한 문학모임이 열렸을 때의 일이다. 그 자리에 부인도 독자로서 참석하였다. 윤후명은 첫날부터 소설가 이문열과 함께 술에 취해 있었다. 취중에 이문열이 '살고 싶으면 저 여자와 결혼하라'고 부추겼다. 그 말대로 두 사람은 문학캠프 참가자들을 하객으로 모시고 입은 옷 그대로 백년가약을 맺었다. 소설가 이호철이 주례를, 시인 이근배가 사회를, 송영이 축가를 불렀다. 문학모임 자리에서 즉석으로 진행된 결혼식. 마침 그 행사를 취재하러 왔던 KBS 카메라가 이 결혼식을 전국으로 생중계했다. 결혼을 주선한 이문열은 결혼식장 한구석에서 곯아떨어져 있었고, 김주영은 건물 기둥을 붙들고 눈물을 흘리면서 결혼식을 지켜보았다고 한다. 동행한 기자가 아침 일찍 통영으로 나가서 사온 금반지로 부인의 손가락에 끼워주었다. 1991년 여름의 일이다.

평론가 오생근은 윤후명다운 글쓰기를 가리켜 '시대적 변화 속에 황폐해진 내면적 공허를 증언하는 일'로 요약하였다. 소설이라는 형식을 통해 우리의 삶이 어디에 있고 어디를 향해 가는지 끈질기게 질문하고 있는 것이다.

생각할수록 그런 것 같다. 마음에 자기만의 섬 하나 갖지
못한 사람의 삶은 얼마나 공허한가. 언제나 마를 새 없는 옷
을 걸친 것처럼 춥고 멀고 급한 몸짓으로 비스듬하게 내달리
는 것처럼 하루하루의 삶이 불안할 것이다.

소설가 윤후명이 왜 그토록 이 섬 지심도의 이름을 감추면
서까지 자기만의 섬으로 간직하려 했는지 이해할 수 있을 것
같다.

윤후명의 사랑이 이루어진 섬. 그가 거제도에 체류하는 동
안 발견한 작은 섬 지심도는 누구에게나 각각 잊을 수 없는
지(只), 심(心)! 곧 '그 마음의 섬'이 될 수 있을 터! 그곳에서
몸부림치는 영혼은 영원히 박제되지 않는 사랑의 노래로 호
오이 호오이 누군가를 부르게 될 것이다.

사람들은 사랑을 알려고 섬에 온다
마음의 속삭임에 귀 기울여
처음이며 마지막이 무엇인지
배워야 하리라고
처음과 마지막이 동그라미가 되어
하나가 되는 동안이
우리가 사는 동안이 되도록
이루어야 하리라고
세상에서 가장 외로운 건 섬이니까
마음의 섬이 되리라고
그대와 나의 동그라미를

만들어야 하리라고

　　　　－ 윤후명의 시, 「지심도, 사랑은 어떻게 이루어지나」 전문

참고문헌

고 은, 『1950년대』, 청하, 1989. 6.
김동리, 『나를 찾아서』, 민음사, 1997.
_____, 『등신불』, 문학과 지성사, 2003.
_____, 『무녀도』, 문학과 지성사, 2004.
김수영, 「나는 이렇게 석방되었다」, 『희망』 1953. 8.
김윤식, 『임화연구』, 문학사상사, 1989.
_____, 『김동리와 그의 시대』, 민음사, 1995.
_____, 『박경리와 토지』, 강, 2009.
김정숙, 『김동리 삶과 문학』, 집문당, 1996.
김정한, 『김정한소설선집』, 창작과비평사, 1974.
김탁환, 『서러워라, 잊혀진다는 것은』, 동방미디어, 2002.
_____, 『김탁환의 원고지』, 황소자리, 2011.

나도향, 「피 묻은 편지 몇 쪽」, 『신민』 제12호, 1926.4.

박경리, 『토지』 1~21권, 나남출판, 2002.
_____, 『김약국의 딸들』, 나남출판, 1993.
백 철, 「지하련 씨의 '결별'을 추천함」, 『문장』, 1940.12.

서정인, 「산」, 『월간중앙』, 1971.10.
서정자 편, 『지하련 전집』, 푸른사상, 2004.

윤후명, 『지심도 사랑을 품다』, 교보문고, 2009. 7.
이문재, 「우리 문학의 거대한 마침표」, 『시사저널』, 1994.9.25.

장용학, 「요한시집(詩集)」, 『현대문학』, 1955.7.
정영진, 「비운의 여류작가 지하련」, 『통한의 실종문인』, 문이당, 1989
조윤아, 「박경리 소설에 나타난 통영 공간의 상상력」, 『비평문학』 32, 2009.6.

최하림, 『김수영 평전』, 실천문학사, 2001.

한정호, 『지역문학의 이랑과 고랑』, 도서출판 경진, 2011.
한혜련, 『박경리 소설의 공간 연구』, 이화여자대학교 석사논문, 1999.
허만하, 『비는 수직으로 서서 죽는다』, 솔, 1999.10.